启笛 智 慧 有 回 声

鲶鱼之怒

日本大众文化中的
天灾·疫病·怪异

[日] 小松和彦 编　马云雷 译

目　录

序　天灾与疫病的大众文化试论　小松和彦　/ 001

第一章　戏对疫病——疱疮神祭与玩具
　　香川雅信 / 017
　　序言——2020 年的 Amabie　/ 019
　　一　疱疮神祭与玩具　/ 021
　　二　江户时代的疱疮观　/ 030
　　三　"戏对疱疮"　/ 034
　　四　戏对疫病　/ 039

第二章　疫病与怪异、妖怪——以幕末江户
　　为中心　福原敏男　/ 047
　　序言　/ 049

一　疫鬼承诺书和霍乱妖怪　/ 050

　　二　预言兽——瓦版与抄本　/ 060

　　三　文久二年的送疫病　/ 072

　结语　/ 080

第三章　幕末霍乱的恐怖与妄想　高桥敏　/ 089

序言　/ 091

　　一　霍乱流行之始　/ 094

　　二　死的恐惧和妄想　/ 098

　　三　管狐对三峰山神犬　/ 105

　结语　/ 112

第四章　送风神！——编织故事的另一个世界

　高冈弘幸　/ 115

　　一　都市记忆与古典落语　/ 117

　　二　送疫神的构造　/ 123

　　三　故事里的疫神　/ 127

　　四　故事中寄托的"心愿"　/ 133

　结语　/ 140

第五章　冈本绮堂和疫病——病史与作品

横山泰子 / 145

序言 / 147

一　冈本绮堂和流行性感冒 / 148

二　冈本绮堂和霍乱 / 155

第六章　近代、骰子、疫病体验——从明治时期的卫生双六看日常和传染病　香西丰子 / 169

序言——疫病的近代 / 171

一　《卫生寿护禄》1884 年（明治十七年） / 174

二　《卫生寿互录》1892 年（明治二十五年） / 181

三　《卫生寿语录》1903 年（明治三十六年） / 188

结语——卫生双六中的疫病体验 / 193

第七章　鲶绘与江户的大众文化　小松和彦 / 195

一　"鲶绘"为何物？ / 197

二　要石·鹿岛神·鲶鱼 / 200

三　鲶绘描绘的震后百态 / 205

四　鲶绘主题和大众文化 / 214

五　解题谜之鲶绘　/ 230
　　六　试问鲶绘的现代意义　/ 236

第八章　大蛇、海螺与天灾地孽　齐藤纯　/ 243
　　一　桑野山的大蛇　/ 245
　　二　大蛇同天灾地孽　/ 250
　　三　法螺贝和天灾地孽　/ 257
　　四　法螺贝和龙蛇　/ 267

第九章　变化的灾害纪念物——有关灾害记忆的动态　川村清志　/ 279
　　一　纪念物表达的历史和记忆　/ 281
　　二　东日本大地震的纪念物——以气仙沼为例　/ 284
　　三　物语和纪念物　/ 300
　　四　通向制度化网格和多样性的曲折之路　/ 303

研究笔记　火灾、戏文、人名——以《假名手本忠臣藏》的戏仿文为中心
　　伊藤慎吾　/ 309
　　序言　/ 311

目 录

一 文政十二年的大火和文艺 / 312
二 关于《火难出本烧进藏》 / 314
三 与《假名手本忠臣藏》正文的
　　比较 / 316
四 戏仿的方法 / 326
五 拟人名和戏仿 / 329
结语 / 336

执笔者简介 / 338

序　天灾与疫病的大众文化试论

小松和彦

　　日本列岛常被称为灾害列岛。的确，回顾日本历史，每年总有地方遭受地震或暴雨等灾害，疫病更是反复来袭。

　　本书聚焦"大众文化"，探析人们在面对大自然的灾祸或灾害时，究竟采取了怎样的对策。

　　当疫病、地震等"灾祸"来袭，大众会作何反应？不言而喻，是"恐惧"，是千方百计地逃离，是平复"愤怒""悲伤"等激动的情绪。这些体验激发了大众的想象力，不久又转化成了文学、绘画、演艺等表现形式，与加强防灾防疫、建造纪念物等事宜亦密切相关。而本书所谓的"灾祸的大众文化"涵盖上述全部内容。

　　虽然本书使用"大众"一词，但换成"民众""庶民""常民""人民"亦无妨。当然，每个词都有其特定的含义，它们之间既有重叠也有差异。然而，先于本书出版的通史性读物《日本大众文化史》却道破了它们的共通之处，那就是作为"群体"的人们。换言之，这里所谓的"大众文化"就是"群体"创造的文化，当然大众文化的"创造者"属于"群体"，细细琢磨，大众文化的享受者也属于这一"群体"。①

关于"大众"，详情请参见《日本大众文化史》，在此我仅对本书编者所阐释的"群体"加以概述。首先，作为"群体"的"创造者"和作为"群体"的"享受者"是协同与共创的关系，而支撑这一关系的是快乐、宣泄等不同的"欲望"。这种"欲望"有时会直截了当地表达，有时会不知不觉地流露，但无论如何，只有充分满足"享受者""欲望"的才会作为大众文化落地生根。虽然其中不乏艺术的、高级的东西，但首先还是为迎合"欲望"而创造的作品。

当然，催生推动大众文化的"群体"中藏龙卧虎。他们洞察到作为"群体"的"享受者"的欲望，为迎合这些欲望，他们代替作为"群体"的"享受者"，为欲望赋"文"塑"形"，而此事的成功与否将会决定他们的生活。

"享受者"的"欲望"多种多样。有时是对体制的批判，有时是性（eros），有时是"灾难"，有时是身边发生的事儿，有时是对光怪陆离的痴迷。这些很容易被贴上"趣味至上""低俗""下流"等标签而遭人不屑，但大众的特征就隐藏在其中。

作为"群体"的大众文化的"创造者"和"享受者"，均受"欲望"支配，在这一点上，两者紧密结合且相互重叠。而两者间的媒介正是大众传媒，即传播海量信息（文

---

① 在《日本大众文化史》中使用的是"创作者"和"接受者"这对概念。——中译本编按

序　天灾与疫病的大众文化试论

化表象）的媒体。

　　日本率先登场的"媒体"是随着木版技术的进步而出现的印刷品，而促其流行的正是"书店"（草双纸屋）[②]和"读卖"（瓦版屋）[③]。到了近代，木版变成了活版，能够传递声音的收音机、唱片，能够展现图像的电影、电视也参与其中。

　　需要注意的是，剧场和街头的表演受益于媒体的同时，对大众文化的发展和渗透也功不可没。这里，作为"群体"的"创造者"（或者其代办者）和"享受者"变成了面对面的协同与共创关系，符合双方"欲望"的东西则作为"大众文化的内核"落地生根了。

　　上文我曾说过"享受者"的"欲望"多种多样。这也意味着有的大众文化可以满足很多人的"欲望"，有的大众文化却只能满足"一部分人"的"欲望"，而后者就是所谓的"小众文化"。

　　换言之，虽然统称为大众文化，但其内部却存在许许多多、大小不一的小众文化。或许，将其称为大众文化内部的"分众文化"也未尝不可。

　　不应忽视的是，当政者和处于支配阶层的人，有时会压制"群体"的"欲望"，以免他们对体制进行批判，有时会利用"群体"的"欲望"即大众文化，使其朝着自己喜欢的方向发展。总而言之，"群体"的"欲望"有着令人棘手的一面。

　　基于以上内容，我简单概述一下本书的特点。

　　国际日本文化研究中心（日文研）为提振自身功能，

[②] 草双纸指日本江户时期兴起的一种以图画为主，配以简单文字的通俗读物。——译者注

[③] 17世纪，出版商用黏土做成瓦坯，在上面雕以文字和图案，经烧制定型后，印在纸上而成，故称"瓦版"。又因贩卖者沿街边读边卖，称为"读卖瓦版"。——译者注

003

推出了"通过大众文化的历时性、国际性的研究打造全新日本形象"的大众文化研究项目，本书正是该项目的汇报成果之一。该项目设有"古代、中世""近世""近代""现代"④四大班组，各组在深入研究的同时，还会基于各自的成果，定期同其他班组进行联动，对衍生出来的题目展开研究或召开国际会议进行讨论。迄今为止的具体成果，请参见日文研的官方主页。

本书编者为"近世班"成员，他们将近世定位为日本大众文化和通俗文化的胎动及诞生期，试图在此期间探寻大众文化，并在此延长线上去理解近现代的大众文化。

到了近世（江户时代）后半段，随着生产力的发展，产业愈加发达，特别是在拥有百万人口的大都市江户，町人阶层占人口的半数，也就是说"群体"的核心阶层成长起来了，瞄准这一阶层的"市场"也随之出现了。

一般来说，人们普遍认为江户大众就是工业化催生出来的阶层。但实际上，江户大众由"上层""中间层""下层"三层组成。

处在"下层"的，是居住于生活世界⑤的"群体"或"劳动者"。江户市民的下层多来自农村，他们靠体力谋生，囊中羞涩。这个阶层近似于民俗学中所说的"常民"。他们拥有作为生活者的文化，这种文化是在此生活空间（领域）被创造、被享受的文化。其代表性的文化有节日、歌曲（民谣、替歌⑥）、游艺等，由于创造者和享受者均为同一领域的生活者，故生活和表现相互结合，难分彼此。或许我们可以称其为"大杂院文化"吧。

④ "古代—中世—近世—近现代"是日本史学界较为常见的历史分期。——译者注

⑤ 源自德语"Lebenswelt"，指我们通过身体实践直观感受到的世界。——译者注

⑥ 替歌是指在原谱的基础上换词的歌谣。——译者注

序 天灾与疫病的大众文化试论

产业的发展创造了多种职业，处于下层之上的中间层，由从事各种职业的人们组成。他们获得相应的收入，既不太穷也不太富，多少有些"过河钱"，由上层中甘于堕落之人和下层中不懈努力之人汇合而成。歌舞伎、净琉璃[7]、曲艺、见世物[8]、读本、锦绘[9]、小曲等江户的娱乐文化、大众文化，大都是由处在中间层的町民们培育而来的。

处于江户大众文化上层的，是町人中被称为"豪商"的富裕阶层。他们根据权力机构的意图，设立各种制度，借此掌管江户城，他们兴办产业以便为自身积累财富。诸如消防制度、花街柳巷、神田祭等仪式、相扑、医疗、服饰、寺子屋（读写能力）[10]、伊势神宫的参拜之旅，等等，这些在江户町人中渗透并扎根后也形成了文化。江户的大众文化，通过汲取下层文化，同时吸收并改变上层文化，最终得以成形。

江户的大众文化层层重叠、形式多样，上述"群体"的欲望亦是多种多样，将两者叠加后，大众文化的特征是不是清晰多了？

近世班组涉及多种大众文化，其中关于怪异（妖怪）文化的论述最多。但由于篇幅有限，又恰逢新冠疫情全球肆虐，我们进一步取舍，将目光锁定在了文初提到的以近世为中心的地震、疫病等自然灾害，对由此衍生出的大众文化相关论述进行了汇编。

时至今日，随着科学技术的发展，我们能够预测台风引发的狂风暴雨，却未能找到阻止台风来袭的办法。随着地球环境的变化，其规模越来越大，每年都给各地带来巨

[7] 日本的音乐形式之一，今日多用三弦伴奏，根据台词和旋律共同推进故事情节。——译者注

[8] 向人们展示稀罕物件、表演曲艺、魔术等的演出活动。——译者注

[9] 日本的彩色浮世绘。——译者注

[10] 寺子屋是日本江户时代以庶民子弟为对象开设的初等教育机构。——译者注

大的灾难。

同样，地震的预报也不尽如人意，我们的首要任务依然是应对突如其来的大地震、大海啸所引发的灾难。

关于疫病，近代前后的情形则天差地别。近代以前，虽然通过中药的解热方法可以在一定程度上缓解症状，却几乎没有疫苗等预防及治疗药物。而近代以后，预防和治疗药物陆续问世，疫病也有了相应的治疗方法。不过，正如今日的新冠疫情，我们时不时还会遭遇尚无疫苗和治疗药物的窘境。

那么，面对令人身心俱疲的天灾疫病，人们如何应对，又如何表现呢？另外，当时的人们处在怎样的大众文化环境之下呢？怀揣着这些疑问，本书试图通过多方材料，厘清大众文化的特征。

因新冠疫情的影响，本书有关疫病的论述所占篇幅较多。

以下是笔者对各章的些许感想及评议，按疫病、天灾分别论述。

第一章（香川雅信）以江户时期流行的疱疮（天花）为研究对象，探究了前人应对疱疮的方法。江户时代，特别是产业发达的江户后期，"玩"（享乐）的倾向愈加明显，成为大众文化的一大特点。多少有些闲钱的町人们，流连于歌舞伎、净琉璃、见世物剧场林立的繁华街市，他们购买歌舞伎名角的锦绘，爱看洒落本、滑稽本、黄表纸、合卷、读本、人情本等通俗读物，乐于发表高见。他们的享乐趣味也体现在了与"疱疮"（天花）的斗争之上。

古时"疱疮"又称"豌豆疮"或"裳疮",初见于《续日本纪》⑪"天平疫病大流行"条,此次疫病让平城京执掌朝政的藤原四兄弟先后丧命,身居高位的贵族也未能逃过此劫,故朝中大乱。此后,"疱疮"屡次来袭,几乎无人不得此病。人们大都在儿时感染,有人因此命丧黄泉,有人获得免疫继续活命,因此在江户时代,感染疱疮恰似一种过渡礼仪。

⑪ 日本平安时代编撰的官方史书。——译者注

香川特别关注了以下几点。首先,当时的人们认为散播恐怖疱疮的是邪恶的"疱疮神","供奉"它可以缓解症状免于一死,故举办"疱疮神祭",而祭典中常用红纸、红色人偶、小豆饭等红色物品。

其次,应对疱疮还有"玩"的一面。名为"疱疮绘"的锦绘上,疱疮患儿身旁总摆着一大圈玩具。据说,当时的人们认为"边玩边治"有助于减轻疱疮的症状,于是亲朋好友会给患病的小孩买一大堆玩具。供奉恶神或从生活领域请走恶神的做法,并非疱疮神独有,但送玩具给患儿,希望他在玩的同时缓解病症的做法,却在疱疮神上尤为明显。作者指出,新冠之下人们根据江户瓦版上的"Amabie"(阿玛比埃)进行"Amabie 大挑战"的做法与这种通过"玩"来"消愁解闷"的思维在本质上是相通的,这点值得玩味。

第二章(福原敏男)作者广泛搜集了幕末时期人们对付疫病及妖怪"恶神"的方法,探析了当时的疫病观,特别聚焦于民间信仰方面。

本章关涉的对象众多,既有"Amabie""Amabiko"

"姬鱼""白山双头鸟"等"预言兽",也有"神田明神之书童"、霍乱爆发时江户及其周边村庄流传的附身邪灵"御先狐"等怪兽。

素戋呜尊（牛头天王）制服散播疫病的恶鬼,令其发誓不再作恶的"疫鬼致歉书",是近松门左卫门和葛饰北斋等常用的主题。这和民间所见的"河童致歉书"及鲶绘主题之一的"地震鲶致歉书"均有关联,亦颇为有趣。

"阿多福风邪"（流行性腮腺炎）暴发时举行的"送多福"仪式则较为少见。众所周知,一旦感染此病,下脸就会浮肿,犹如狂言中的"阿多福（面具）",故此得名。此病流行时,为驱赶病魔,人们便戴此面具,送走"阿多福"。收藏于广岛县三次市"日本妖怪博物馆"（三次妖怪博物馆）的《人面草纸》在参观者中颇具人气。福原认为画中下脸浮肿的可爱人面形象或许就源自"阿多福"。

第三章（高桥敏）运用地方史料还原了1858年（安政五年）霍乱流行时人们慌乱彷徨的模样。江户末期,天灾和饥荒屡次来袭,米价暴涨,各地百姓揭竿而起,打砸抢事件时有发生,以往的政治体制已无力应对。此外,日本同欧美等国的接触日渐增多,幕府与驶入浦贺港的佩里签订了《日美亲善条约》,打开了国门。得知日本开国后,各国纷纷要求建立友好通商关系,船员携带的"霍乱"就这样传播开来,最终在江户盛行。

针对当时的霍乱暴动及其前后的社会状况,高桥用骏河国富士郡大宫町经营酒厂的第九代豪商横关弥兵卫留下的《袖日记》为线索,以纪实的风格描绘了人们在霍乱日益逼近的恐慌之下，运用祭祀、医药等多种手段抵御疫病的活动。

由这一史料可知，对付霍乱的办法中包含各种各样的信仰活动，既有巡回念经、曼陀罗大日如来开龛等佛教方法，也有供奉道祖神、昼夜放炮、重过正月、送瘟神等民俗方法。当人们发现这些方法都无济于事时，"美国狐"的谣言又闯了进来，高桥对此进行了细致的考察。当时，包括江户在内的关东及东海地区，不知从哪儿冒出来这么一个谣言，即散播霍乱的是美国人（佩里等）带来的狐狸（有些地方称之为"管狐"或"御先狐"）。据说武州三峰神社的御使"神犬"对付此"狐"（附身邪灵）最为灵验，于是人们争先恐后前去拜求，场面蔚为壮观。

此事不仅反映了人们对霍乱的恐惧之情，也如实还原了日常的民间信仰如何应用于异常的疫病蔓延之状况，同时还体现了前人易受外国船只到访、开国等大事件相关谣言左右的心性。

第四章（高冈弘幸）同样聚焦于上文提到的"送疫病"仪式，但其特别之处就在于从上方落语[12]中探寻到了考察的素材。该落语讲述了这么一个故事，由于流感肆虐，町内举行"送风神"仪式，于是设简易祭坛，摆上象征风神的人偶，供奉风神求其离开，之后敲锣打鼓，弹奏三弦，抬着人偶将其扔进河中。

高冈认为此落语创作于江户时期，通过《耳袋》中"把扮作风神的非人[13]从桥上推下，众人大笑各自回家去了"的记载，完美地解读出了仪式中使用的并非"人偶"，

[12] 上方落语是以大阪、京都为中心，具有地方特色的单口相声。——译者注

[13] 日本中世及近世对贱民的一种称呼。——译者注

而是乔装成风神的"人"这一事实。

江户及大阪市内，下层之中还有处在"最下层"的信教者和卖艺者，他们连基本的温饱都成问题。他们或在街头装神弄鬼，打把式卖艺，吸引过往行人的注意，或帮町人消灾解难，借此糊口，因此有时会扮演风神这样的恶神角色。

高冈亦称，乔装成风神的人被推下桥后，活动执行者们哄堂大笑的场面不容忽视。"送风神"不仅有驱离疫病的信仰方面，还有"娱乐"的一面。虽然该场面令人极其不快，却揭示了江户时期大众文化复杂的一面。

第五章（横山泰子）以冈本绮堂的日记为线索，试图找出体弱多病的绮堂眼中百姓的疫病观。冈本绮堂是生活在明治与昭和时期的大众文学作家，凭借《半七捕物帐》广为人知。横山认为"绮堂的作品描绘的并非人们同疾病顽强斗争的崇高形象，而是百姓惧怕疾病的真情实感。作为大众文学作家，自然要通过作品博众人一笑，但也让读者知晓了前人的疾病体验"。

绮堂当然知道西洋近代医学能够预防和治疗疫病，疫病一暴发，他第一时间接种了疫苗。但百姓在前近代迷信疫病观的影响下应对疫病的方式才最吸引他。绮堂依据大量材料，将江户和明治时期百姓对疫病的恐慌以怪谈的形式写进了作品，如《半七捕物帐》中的《披肩蛇》《酒酿婆》《卖甜酒》及以明治霍乱为主题的《黄纸》等，其中也反映了绮堂自身饱受疫病折磨以及家人死于疫病的痛苦经历。虽然细节不同，但与新冠病毒瞬间夺走生命的情形并无二致,这点在绮堂的日记和作品中清晰可见。

第六章(香西丰子)通过分析以"卫生"为题的绘双六⑭"卫生双六",探寻了明治时期为政者对待疫病的理念。冈本绮堂通过娱乐性的大众文学作品窥视了百姓前近代的疫病观,与此相对,香西则聚焦于明治政府将"疫病"的观念和实践纳入其统管之下建设近代国家一事。为实现这一目的,当时大众"游戏"中颇具人气的"绘双六",如"净土双六""道中双六""出世双六""妖怪双六"等均被加以利用。

⑭ 一种带有图案的棋盘游戏,通常以骰子的点数决定棋子的移动方式。——译者注

幕末到明治时期,日本的疫病观随着西洋医学的引进发生了巨变,原先将疫病看作恶神、疫鬼等外界某物对身体的侵害,后来得知此乃物理性病原体在某一机制下使人感染。结果,前者作为"迷信"遭到摒弃,后者则作为"正确的"知识深入民心。这一疫病观、医疗观体现在双六的棋盘上,就成了"卫生双六"。也就是说,从"振出"(起点)开始摇骰子,经历数次"疾病"后到达终点,途中或跳到"传染病医院"接受治疗,或购买"成药",或走向"迷信",当然其命运也各不相同。走向"迷信"的,等待他的是"死亡",走向"医院""成药"寻求帮助的方可到达"健康长寿"的"终点"。

在思考大众文化,论其是非之前,还应充分注意并分析为政者施加的影响,即对大众文化的利用。

以上是关于疫病的文章,关于天灾的文章则为以下三篇。

第七章(小松和彦)以1855年(安政二年)江户大

地震后大量上市的锦绘瓦版"鲶绘"为线索，通过鲶绘产生的背景及其表达的多种主题，窥视了当时江户市民乐在其中的大众文化。该锦绘描绘的多为引起地震的大鲶鱼或者拟人化的鲶鱼，故得名"鲶绘"。

为什么人们苦于震灾，却纷纷求购鲶绘呢？该文给出的理由如下：鲶绘描绘了地震的惨状和受灾群众的生活状态；鲶绘像"护身符"一样安抚了人们担心余震的心情；鲶绘刻画了人们平复心情后重振家园的风貌等。

然而更有意思的是，若把各种鲶绘放在一起来看，便可了解当时江户大众（町人阶层）的内部阶层，当时人气较高的大众文化也自然会浮现于眼前。画中既有因地震失去工作而苦于生计的人，也有因灾后复兴从中牟利的人，还有被迫施舍的有钱人，创作者或加以批判，或投以善意。可以说，这些图案和题跋正是从当时的社会情况和各种流行趋势中筛选出来的"创意"。在某种意义上，鲶绘就是映照当时大众文化的一面镜子。此外，这些鲶绘中还充斥着江户子⑮特有的幽默和讽刺。

第八章（齐藤纯）广泛收集了各地大雨或洪水过后出现"洞穴"的传说，并对此进行了考察。自古以来就存在着洪水乃大蛇所致的说法，据说，大蛇自山中池塘、沼泽而出，爬行入海，会引发洪水。从长野县、静冈县等地将洪水、山崩称作"蛇拔""蛇崩"亦可见一斑。

齐藤还注意到，大蛇引发洪水的说法在传承时还出现了矮小化的倾向，即规模缩小的传说——"法螺拔"。"法螺拔"的传说略显奇特，据说大雨过后崖壁上出现的大洞

⑮ 土生土长的江户人，被认为有看淡钱财、放荡不羁等特质。——译者注

乃洞内法螺贝钻出的痕迹。

东京亦有"法螺拔"传说，齐藤向我们展示了描绘1871年（明治四年）东京道灌山出现法螺拔的瓦版。瓦版之上龙形生物从法螺贝钻出后一飞冲天，身体盘旋在黑云之中。另外，《绘本百物语》中的"出世法螺"也绘有"法螺拔"的形态，为妖怪研究者所熟知。或许该传说同"地震鲶鱼"在本质上也是相通的吧。

第九章（川村清志）讨论了东日本大震灾的纪念物（纪念碑）。纪念碑是为了对抗时间带来的忘却，铭记事件和人物名称所做的尝试。川村调查了气仙沼市内设立的纪念碑，希望从中找到某种可能性，即"不从正面与制度化和整体化进行对抗，而是接受公权力布置下的制度和环境，同时探寻能够承载个别实践和记忆之纪念物的可能性"。

川村考察时脑海中应该浮现着两座具有对照性的地震纪念碑吧。一座为战前的地震纪念碑，即1923年（大正十二年）官民合作、共祀关东大地震死者的"震灾纪念堂"（现为"东京都慰灵堂"），另一座为战后的地震纪念碑，即1995年（平成七年）按照民众意愿在受灾地区建立的阪神大地震[16]纪念碑。

前者强调了纪念碑为死者"镇魂""慰灵"的作用，与公权紧密相关。关东大地震的纪念物中仅有震灾纪念堂。阪神大地震后所建的纪念物却没有讲述"整体性"的，像"震灾纪念堂"那样大规模的公立纪念堂，而是一群小规模的纪念物，其中既有心念逝者的"慰灵碑"，也有牢记震灾强调"纪念"属性的纪念物。我手头有的，也是川村

[16] 日文称阪神·淡路大震灾，又称神户大地震或关西大地震，是指1995年1月17日凌晨5时46分52秒（日本标准时间）发生在日本关西地方规模为里氏7.3级的地震灾害。——译者注

参考的《震灾纪念物巡游》（每日新闻震灾采访组编著）一书，便以配图的形式介绍了120多座不同的纪念碑。

川村通过对气仙沼市多地的纪念物进行调查，从其多样性中发现了与阪神大地震后所建纪念物的相似之处，另外还从"第十八共德丸"的祭坛、供品被撤掉的"混沌状态"中，窥到了希望祭奠亡魂、保留记忆之"群体"的多样性和多重性。

最后，让我们看一看伊藤慎吾的研究笔记"火灾、戏文、人名"。"火灾同吵架乃江户之花"，的确如此，江户是一个经常失火的"火灾都市"。人们创造了许多关于火灾的大众文化，而该文关注的是大火之后流传的，表达讽刺、评论的"戏文"《火难出本烧进藏》。该作品以1829年（文政十二年）发生在神田佐久间町河岸的火灾为蓝本，描述了当时火灾的情形，从书名就可以看出，它戏仿自《假名手本忠臣藏》。

伊藤对两者进行详细比较后指出，"该作品为物语形式的语言游戏，沿用了中世以来的拟人风格"，他还告诉读者"火灾很容易激发文艺创作的欲望，但市井小民却无处发表，所以只能随便一写，鲜有传于后世之作。而该作品正是一篇历尽万难才保存至今的小文"。

总之，同今日一样，当时的江户也有一个由许多有志于创作通俗小说，或自诩为通俗小说家的人士组成的"群体"，他们因火灾及诸多事件激发了创作欲望，于是随手一写，随便一发，但终究未能脱颖而出。虽然他们也是大众文化的"挑夫"，但却无法满足多数享乐人士的"欲望"。

大众文化是什么？大众是谁？其特征在哪？我们能否从中找出与以往不同的日本形象？本书以具体的素材和创意为线索，试图阐明上述问题。虽然我们选择了日本大众文化胎动与诞生的近世时期，以江户为中心进行了论述，但我们充分意识到了深入考察的必要性，因此将民俗世界、近世以后的时期均作为背景纳入了研究视野。然而，本书收录的论文仅有10篇，还远不能回答上述问题。但这些论文互相关联，若将它们放在一起，我们还是能够了解当时与灾祸相关的大众文化，感受创造它享受它的大众之气息吧。

　　今后，日本大众文化研究系列丛书还将出版三册特定主题的论著。本书亦属此系列，通过该系列丛书，相信日本大众文化的轮廓定会愈加明晰。

第一章

戏对疫病——疱疮神祭与玩具

香川雅信

序言——2020 年的 Amabie

2020 年新冠病毒肆虐全球，其严重程度足以载入史册。日本自 3 月初，为防止疫情扩散，全国学校停课，在"stay home"（待在家里）的号召下，人们减少移动，开始了居家生活。

这时，一只妖怪突然闯入了人们的视线，它就是"Amabie"。

收藏于京都大学附属图书馆的版画（图 1）是有关"Amabie"的唯一资料。据此可知，1846 年（弘化三年），肥后国（熊本县）的海中每至夜晚便有物体发光，官吏前去查探，一个居于海中自称"Amabie"的妖怪现身了。"Amabie"告诉官吏，自今年起未来的六年间都会丰收，但亦有疾病流行，请画下我的身姿展示给世人看，说完就回到海里了。

此前"Amabie"并不为大众所知，但一位妖怪迷将其发布在社交网站后，这一驱除疫病的妖怪便立刻受到了关

鲶鱼之怒：日本大众文化中的天灾·疫病·怪异

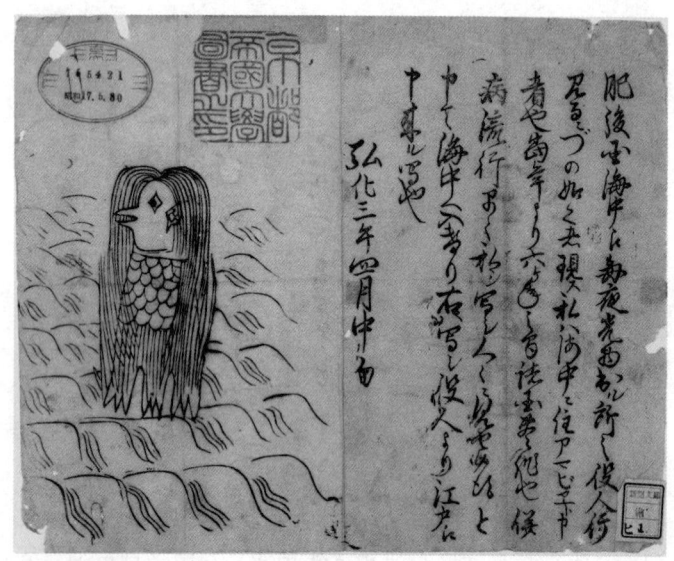

图1 "肥后国海中之怪"，弘化三年（1846年），京都大学附属图书馆藏

注。加之"Amabie"要求把它的模样画下来，于是大家将各自创作的"Amabie"上传至社交网站，"Amabie挑战"瞬间风靡全国。Amabie甚至还被外国媒体争相报道，成了举世闻名的妖怪。

多数人将其看作"江户时代迷信的复活"。听闻Amabie于社交网站流行，起初本人亦持同样想法。然而看到"Amabie挑战"的作品时，我的想法有所转变。参与者显然乐在其中。为防止感染扩散，所有娱乐活动被迫"自肃"[①]，此情此景之下，这确为一种不错的"消遣"方式。姑且不论Amabie的画像能否消灾驱病，它的确缓解了人们对于未来的不安和内心的苦闷，对因疫情而起的其他疾病亦有一定的疗效。用"玩"的方式对付尚无确切疗法的疫

① 自我约束、自我克制。——译者注

病，这就是2020年的"Amabie挑战"。

然追溯历史可知，江户时代以"玩"的态度对待疫病一事十分常见。故笔者欲在此探析江户时代的百姓，特别是市民阶层面对反复流行的疱疮（天花）、麻疹等究竟采取了怎样的态度。

或许我们可以从中发现日本人应对疫病的"另一种方式"。如"Amabie挑战"一样，为今后对付时常来袭的传染病提供一些启示。

一 疱疮神祭与玩具

令人生畏的疱疮

疱疮（医学用语称为痘疮或天花）曾遍布全球，是最恐怖的传染病之一。

疱疮的传染性极强，感染后有7—16天的潜伏期。发病初期体温升高，后全身起豆状丘疹，再转变为水疱、脓疱。此外还会累及呼吸系统，严重者还会因呼吸衰竭导致死亡。该病致死率高达20%—50%，病愈后依然留有脓疱导致的疤痕。疱疮要人命，就算不要命也会使人变丑，故令百姓万分恐惧。

1796年英国人爱德华·詹纳发明了接种预防法（牛痘接种术），随着该法普及，此病被渐渐根除。1977年索马里报告最后一例后再无自然感染的病例，1980年WHO

（世界卫生组织）宣布疱疮已从地球上消失。这是人类根除有害传染病的唯一案例。

在日本，有关疱疮的记录可追溯至《续日本纪》中735年（天平七年）暴发的豌豆疮（裳疮）。[1] 自那以后，此病反复来袭，到了江户时代，由于城市发展、人员流动频繁，无人不患此病。特别是对婴幼儿来说，此病乃最主要的死因。[2] 人们对此极为恐惧，但江户时代几乎每家每户都会祭拜这一散播恐怖疾病的瘟神。

疱疮神祭

贝原好古于1683年（天和三年）所著的《大和事始》中写道："如今若有人患痘疹，其父母、亲属，必为其设坛祭痘疹之神。"[3] 由此可知，患疱疮的人家会祭拜疱疮之神——以下称之为"疱疮神祭"，该仪式最晚于17世纪的后半期便已有之。

痘科医生（疱疮专家）池田锦桥在1806年（文化三年）所著的《国字痘疹戒草》中，关于疱疮神祭有如下记述：

> 神龛贡品之祭法各地大同小异，家门拉注连绳，挂红纸币帛，屋门亦如此，以避污秽不净之物。房内设神龛（高约一尺或悬于天花板之下），铺红纸，置狌狌、达摩[2]、猿面等红色玩偶，或摆喜庆之物。万物皆用红色以示庆贺。再以红纸装饰酒壶口，点长明灯，摆鱼菓（红年糕、红丸子、红豆饭、红鲷鱼、绿

[2] 不倒翁玩具。——译者注

鳍鱼、金线鱼、短鳍红娘鱼之类红色食物），供物亦皆为红色。传闻古代中国，痘疮之色以红为佳，且喜庆之时亦用红色，故患痘疮之家皆爱红色。[4]

如上所述，祭拜疱疮神时要用红色物品，如红纸、红色人偶以及红饼、红丸子、红豆饭、鲷鱼、红鲷鱼、绿鳍鱼、金线鱼、短鳍红娘鱼等红色食物。儿科医生香月牛山在1703年（元禄十六年）所著的育儿书《小儿必用养育草》中解释道，疱疮患者的房间之所以要"在屏风衣桁之上挂红衣，令幼子着红袍，看护之人穿红装"，就是因为"人们认为痘疮的颜色以红为佳"。[5] 人们认为身上的疹子颜色越红则症状越轻，故对于疱疮来说，红色为吉利的颜色。换句话说，让疱疮患者身边皆为红色的做法，就相当于"相似相生"（like produce like）这一思维模式下的"类感巫术"（homeopathic magic）。[6]

疱疮神祭与玩具

用"狌狌、达摩、猿面等"红色人偶和玩具装饰疱疮神龛一事值得注意。这种红色人偶或玩具常作为探访病人的礼物，同时也被纳入疱疮神祭的仪式之中，发挥着重要的作用。

1798年（宽政十年）出版的《疱疮心得草》中有一幅名为《疱疮神祭图》的插画（图2）。前面是得了疱疮的孩子及他的父母，后面则是祭拜疱疮神的祭坛，其上是装

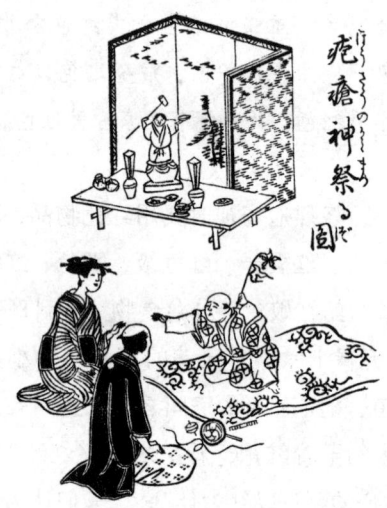

图2 《疱疮神祭图》，载《疱疮心得草》，宽政十年（1798年），武田科学振兴财团杏雨书屋

着供品的盘子和神酒、明灯等。摆放在祭坛中央的人偶格外引人注目。这个右手执长勺，左手托酒杯，站在大酒坛子上的人偶，正是《国字痘疹戒草》中提到的"狌狌"。

狌狌原本是中国人想象出来的动物，人面猴身，通人语，爱喝酒。但是，不知为何到了日本，狌狌竟在能剧中变成了住在海里的福神，拥有一个取之不尽的酒坛子。[7]江户时代这个赤发红颜的童子形象还成了玩具的素材，除被制成木雕和纸糊人偶外，还被做成了笛人偶（一吹笛子酒坛上的狌狌就会旋转）和浮人偶（浮在水面上的玩偶）等，备受百姓喜爱。

生于江户的江湖艺人富本繁太夫在他的日记《笔满可势》中记录了天保七年（1836年）二月十二日③这天于京都举办疱疮神祭的情形。

③ 1872年11月9日，日本政府宣布从1873年1月1日起，从传统历法（农历/阴阳合历）改为公历（格里高利历），旧历的明治五年（1872年）十二月三日直接变为新历的1873年1月1日。此处的月日仍为传统纪年，下同。——译者注

024

第一章 戏对疫病——疱疮神祭与玩具

此地称疱疮神祭为狌狌祭，纸糊狌狌，手持勺杯，立在酒坛，置于草盖之上，其旁摆纸糊达摩。余者同江户并无二致。[8]

回过头来再看《疱疮神祭图》，中央是"纸糊狌狌，手持勺杯，立于酒坛"，而旁边的确放着一个类似纸糊的达摩。通过"狌狌祭"的别名可知，疱疮神祭使用狌狌人偶的做法，至少在京都十分流行（顺便提一下，《疱疮心得草》正是由京都平安书林发行）。

不过，富本繁太夫之所以说"余者同江户并无二致"，是因为装饰的玩偶与江户不同。江户一般会在神龛摆放纸糊的达摩和猫头鹰，在草盖上插红色的祭神幡（图3）。山

图3 《昔话稻妻表纸》，文化三年（1806年），出自《新日本古典文学大系85》（岩波书店）

东京传的滑稽本《腹筋逢梦石》三篇（1810年刊）中，有一篇名为《纸糊猫头鹰同纸糊达摩的佛法问答》。其中有这样一个场面，纸糊的猫头鹰问纸糊的达摩："我虽为无德之鸟，但与你皆为纸糊，并放于疱疮神龛，你九年煎熬，我悠然度日，最后皆被扔至路边小庙或纸篓中，实乃殊途同归，岂非此乎？"[9] 京都是狌狌（和达摩），江户为达摩和猫头鹰，虽然两者有别，但可以确定的是这些玩具都在疱疮神祭中发挥了重要的作用。

狌狌、达摩、猫头鹰

狌狌玩偶之所以用于疱疮神祭，显而易见"红色"是其首要特征。狌狌喜欢喝酒，因此总是红着脸，在能剧中亦佩戴红色面具。此外，狌狌的头发和衣服也是红色的，这种"满身红"的玩偶对于疱疮患者来说非常吉利。通过下鸭神社（贺茂御祖神社）神殿守护者田中兼赖的日记可知，1755年（宝历五年）他曾为患疱疮的女儿"八十"出价百文购买"狌狌"，由此看来，京都疱疮神祭使用狌狌人偶的风俗，早在18世纪中期就已经成型了。[10] 1766年（明和三年）净琉璃《太平记忠臣讲释》的首场演出中也出现了疱疮神祭结束后送神的场景，由"今朝斋戒送神，门前遗弃狌狌，笑脸让人泪目"[11] 这句台词可知，作为送神的一环，狌狌玩偶会被送至家门口。[12]

另外，纸糊的达摩倒了还能站起来，与病人"站起来"（康复）一语双关，因此又被视为治愈疾病的咒术。

第一章　戏对疫病——疱疮神祭与玩具

例如，1850年（嘉永三年）出版的《疱疮画本雏鹤笹汤寿》中就有关于纸糊达摩的描述："扑倒又起，颜色鲜红，故作为疱疮最佳之玩具，常以此庆祝疱疮患儿康复。"[13] 由此可见，达摩的红色是主要的原因之一。据说早在宋代，就出现了身裹红袍的达摩大师像。[14]

另一方面，纸糊的猫头鹰为何被装饰在疱疮神龛之中却不得而知。1767年（明和四年）出版的《风流狐夜话》卷之四《疱疮神的烦恼》中有这样一句话："近年传闻疱疮咒术，将孩童之玩具置于荒神神龛，供神酒以祈祷。"[15] 由此可见，18世纪中期纸糊的猫头鹰就用于疱疮神祭了。而将达摩和猫头鹰并放的习俗，不久之后也固定了下来，这点从1779年（安永八年）出版的笑话集《气之药》中的小笑话便可见一斑。

今日得见一新奇之物。什么呢？两国售药处，有只活的猫头鹰！那算新奇之物吗！我瞧见数次了。活的猫头鹰随处可见，活的达摩才从未得见。[16]

由这则小笑话可知，为了招揽顾客，药店门口还放了活的猫头鹰。1824年（文政七年）发行的《痘疹必用》中关于猫头鹰如是写道："养此鸟于痘疮之家，可祛邪恶之气，可免余毒之患。若无活物，可将其羽毛烧焦置于身旁。亦有祛邪除痘之妙用。"[17] 这段文字告诉我们活着的猫头鹰也好，猫头鹰的焦灰也罢，均对疱疮有效。虽然我很想说这就是疱疮神龛中摆放猫头鹰的原因，但也无法否认此功效为"后加"的可能性。藤冈摩里子认为，很可能是江户时期很多人因疱疮失明，所以才选择了大眼睛的猫头鹰作为咒具。[18] 目前来看，这些解释都缺乏决定性的证据。

不过同时摆放达摩和猫头鹰的行为总让人感觉是有意为之。我们不禁怀疑，该风俗该不会是玩具商人"创造"出来的传统吧。狌狌人偶亦是如此。

创造出来的疱疮神祭

依笔者管见，1749年（宽延二年）出版的草双纸④《疱疮除》[19] 是最早将狌狌和疱疮放在一起进行叙述的文献。传说若狭国小浜的六郎次因祭拜疱疮神，孩子的症状有所减轻，后开办酒馆又受到龙宫狌狌的关照成了有钱人。故事中疱疮神和狌狌虽为不同角色，但六郎次受疱疮神守护，故狌狌时常到访，招来了福气（还有疱疮神赶走贫穷神的情节）。虽然情节的展开有些牵强，但为减少疱疮的负面形象，添加富贵、招福等积极的元素，故采用了广为人知的福神狌狌。

实际上，这个名为《疱疮除》的草双纸似乎是为配合于京都、大阪举行的疱疮神开龛仪式而创造出来的作品。若狭小浜的町年寄⑤木崎惕窗撰写的《拾椎杂话》（1764）中，有如下记载：

> 组屋六郎左卫门家流传疱疮神一事。永禄年间，组屋家有船自北国而上，一老人搭此船至六郎左卫门

④ 江户时代带插图的通俗读物。——译者注

⑤ 江户时代，各町担当政务的官员。——译者注

家。寓居几日，离别时道：我乃疱疮神，为报恩情，许此诺言，凡称组屋六郎左卫门者，可免疱疮，遂离去。六郎左卫门画其模样留存。今此画同当日并无二致。宽延年间于京都大阪开龛。[20]

组屋六郎左卫门是小浜地区首屈一指的富商，据说他家的疱疮神画像世代相传，直到战后还在销售疱疮护身符。值得注意的是末尾处"宽延年间于京都大阪开龛"一句。组屋六郎左卫门家世代相传的疱疮神画像开龛时，为宣传它的灵验，创作了名为《疱疮除》的草双纸，为将疱疮神的负面形象扭转成正面形象，采用了视觉上较为喜庆的狌狌。由此可见，狌狌人偶用于疱疮神祭一事也很有可能是"创造"出来的。故分析祭拜疱疮神为什么用玩具时，必须把出版人员、玩具和人偶从业者的参与都考虑进来。[21]

总而言之，自18世纪中叶起，用狌狌、达摩、纸糊猫头鹰等玩具祭祀疱疮神的风俗流行于世。在此，笔者还想提一个现代人可能抱有的疑问，那就是面对疱疮这种可恶的疾病，为什么会产生祭拜的仪式呢？与疾病截然相反，象征"娱乐"的玩具，为什么会被建构进这一仪式当中呢？

为解开这一谜题，我们先来看看江户时代的疱疮究竟是怎样一种疾病。

二 江户时代的疱疮观

送疫神

《亲长卿记》为朝臣甘露寺亲长撰写的日记,其中文明三年(1471年)八月六日的日记写道:"称送疱疮之恶神,处处敲锣打鼓,每日事也。"[22] 此乃有关疱疮神最初的记载。这里"疱疮之恶神"以及"送"等表述需要我们格外注意。

"送"疫神的活动,在江户时代十分常见。如京都、大阪,"风邪"(流感)肆虐时,人们便会"送风神",敲锣打鼓将代表瘟神的人偶送出村镇。井原西鹤创作,出版于1684年(贞享元年)的《好色二代男》⑥中描绘了这一场景:"敲锣打鼓,制怪玩偶,酒色之徒,绕扬屋町,念'送风神',喧嚣无比。"[23] 另外,根据当时的记录,麻疹以及1858年(安政五年)霍乱流行时,也举行了同样的送疫神活动。[24]

疫神被视为"恶神",将其从自己居住的领域赶出去的做法较易理解。但疱疮神祭中,疱疮神不仅没被赶出去,反而拥有神龛,受人祭拜。其实,疱疮神祭本不是为防止疱疮,而是得了疱疮后举行的仪式。这一点与避免得病的送疫神仪式有着本质的区别。为什么疫病之中,唯有疱疮受此"礼遇"呢?

⑥ 与前作《好色一代男》同为日本江户时代著名文学家井原西鹤的代表性文学作品,讲述了主人公纵情声色、在花街柳巷进行"好色修行"的缘乱的一生,反映了日本江户时代商人、平民和妓女的真实生活。当时按照佛教思想和儒教道德,爱欲被视为罪恶,但作者以肯定的态度描写了町人的思想和感情,是前所未有的作品。——译者注

时代不同，疾病被赋予的含义也不同。这取决于医疗技术的发展，以及人们对于疾病因何而起的看法，即"病因论"的变化。特别是流行性传染病，一旦引发疾病的状况有变，那么疾病本身的存在方式也会发生改变，这点亦不容忽视。[25]

流行周期的变化

从事日本疫病史研究的富士川游指出，疱疮的流行周期，早期约为三十年，之后逐渐缩短至六七年，最后年年不断。[26] 通过《梅翁随笔》（著者不详）的记述可知，这种流行周期的变化，亦见于江户时代。

> 疱疮之疾，至宝历年间，四五年或六七年一流行，世间患此病者最多，其间未见小儿患疱疮，其后年年有人得此病。麻疹二十余年一流行，人人皆患此病。之后亦如疱疮，患者年年不断。医师谷村昌元称，二三十年前，大阪市中无人患疱疮，故仅为河内乡野之病患诊治，然近年，市中亦有人患此病。[27]

甲斐国市川的医师桥本伯寿，在1814年（文化十一年）出版的《国字断毒论》中提到，地方上疱疮流行（周期）为六七年，而"三都则接连不断"，他将原因归结如下：

> 三都人口众多，疾病流行时新生儿亦多，未患病

者不在少数。此外，抱痘疮患儿者乞讨，人亦怜悯，初患痘疮进城乞讨者众多。痘疮儿四处乞讨，将痘疮传至偏僻之地。再看战国之记录，与今日不同，经数年痘疮方流行，这并非乱世与治世之气候不同。连年征战、世间骚动时，穿越国郡相互往来者少，疫病自然难以传播。[28]

从传染病学来看，上述分析较为得当。大都市新生儿的数量较多，未感染的人也不在少数，到处都有尚未获得免疫之人。另外人们往来频繁，这就为感染源提供了大量乘虚而入的机会。正因如此，才有"三都接连不断"之说。与此相对，战国时代各地人员往来较少，感染源入侵的机会也少，因此流行周期变长，长大成人后才感染疱疮的人自然也就多了。由此可知，江户疱疮的流行周期之所以变短，离不开城市化导致的人口聚集以及交通、贸易发达这一时代背景。

作为过渡礼仪的疾病

疱疮成为常态后，想一辈子不感染实属不易。江户时代，特别是对于城市居民来说，疱疮是无法避免的疾患，多数人在孩童时代便已感染此病。根据皆川美惠子的研究，近世初期，疱疮一般是 15—20 岁的成年人才会感染的疾病，但随着流行周期的短缩，到了 18 世纪，就变成儿童时期常患的疾病了。[29]

第一章 戏对疫病——疱疮神祭与玩具

疱疮只要感染一次，余生就不会再感染（因为获得了免疫）。根据这一特性，人们将其视作儿童过渡礼仪性的疾病。疱疮的原因被归结为母体的"胎毒"，这一"胎毒说"在百姓中广为流传，助长了此种疱疮观。"胎毒说"本为中国医家之说，该说认为胎儿从母亲体内吸收的毒素，或刚出生后吞入母亲的污血化作"胎毒"，残留体内后因时运散于体表，成为疱疮之痘疹。[30] 因此，疱疮作为排出体内毒素的表现，拥有了积极的意义。疱疮被视作孩子的"厄"，应尽量让其在孩童时期轻松渡过。出版于1843年（天保十四年），由为永春水创作的疱疮绘本（后叙）《疱疮安体笹汤之寿》中有这样一段话，很好地反映了当时的疱疮观：

> 所谓疱疮，诚如您知，因时令之气，体内胎毒，排出体外，若顺利通关，则长大后，不必担心胎毒恶变，此乃儿童之厄，患此疱疮为好。[31]

另外，前文介绍的草双纸《疱疮除》中也持有同样的疱疮观：

> 胎儿于腹中，触种种污血，故此病实为排毒之疾。且此乃神之所为，实有排恶血之神。名为疱疮神。

疱疮是排出母亲胎内吸收的"恶血"时发生的疾病，实乃疱疮神所为。这里疱疮被赋予了积极的意义，疱疮神也被视为善神。如果把《疱疮除》看作配合疱疮神开龛而创作的"媒体组合"(Media Mix)[7]，那么将疱疮神定位为善神的说法大概也是"被创造"出来的吧。实际上，最先将疱疮神明确定义为善神的文献正是这本《疱疮除》。不过我们应知，当时的坊间早就有了接受这种言论的基础。

总之，疱疮被认为是具有过渡礼仪属性，一生必须经历一次的疾病，所以人们的关注点不在于如何防止感染，而在于感染后如何减轻症状。恐怕这就是为什么没选择"送瘟神"这种驱除型仪式，而选择"疱疮神祭"这种融合型仪式的原因吧。

[7] 参《日本大众文化史》第三部分中对媒体组合的论述。——中译本编按

三 "戏对疱疮"

疱疮绘及疱疮绘本

接下来让我们思考一下，原本是祭祀晦气病神的疱疮神祭，为何要用玩具这种快乐的元素去装点呢？关于这一点，疱疮画、疱疮绘本这类颇具特色的作品为我们提供了重要的素材。

疱疮绘，为探望疱疮患者时携带的红色印刷锦绘[32]（图4）。这种锦绘几乎没有背景，只画着人物和玩具，构图简单，多附有狂歌。其图案大致分为两类。一类是钟馗[33]、源为朝[34]等击退疫神的神明或英雄。H. O. 罗特蒙德（Hartmut O. Rotermund）聚焦于痘疮画对疱疮神信仰

第一章 戏对疫病——疱疮神祭与玩具

图4 《疱疮绘》,兵库县立历史博物馆藏 入江收藏

进行了细致的研究,他指出这种直接挑战疱疮和疱疮神的图案相对较少,而描绘预祝疾病痊愈或祭祀场面的作品则较多。[35]这便是另一类疱疮画,其主题多和儿童游戏、消遣有关,比如达摩、猫头鹰、犬张子等玩具,舞狮、角兵卫狮子等艺人,以及桃太郎、金太郎、浦岛太郎等故事中的主人公等。

疱疮绘为单幅画,但也有整本采用红色印刷的绘本,即疱疮绘本,又被称为"疱疮红本""红绘双纸"或"红本"等。故事的主角多为疱疮神或拟人化的玩具达摩、猫头鹰等,情节融入了疱疮相关的习俗,大都以庆祝轻松渡过疱疮为结尾。

疱疹绘本为疱疮患儿打发时间的读物。如十返舍一九在《疱疮轻口话后编子宝山》的卷末,为宣传《疱疮请合轻口话》写道:"此书乃十返舍翁精心之作,妙趣横生,

035

探望慰藉疱疮患儿之必备佳品。"[36] 在《疱疮请合轻口话》的卷末，又为宣传《子宝山》写道："上述作品乃十返舍一九创作，足不出户笑看人偶大联欢。"[37]《子宝山》中，为让患疱疮的金太郎高兴，猴子和兔子扮成不倒翁和猫头鹰，野猪表演舞狮，狐狸扮演半田稻荷要饭和尚，[38] 天狗献杂耍，猪展示特技，狸猫表演花车等，足柄山的动物们可谓各显其能。可以说这正是因疱疮不能外出的孩子们"足不出户"就能在家观赏（即所谓的远程观赏）的作品。图中还画着金太郎兴高采烈阅读疱疮绘本的画面（图5），疱疮患儿也可从中看到自己的身影吧。

图5 《疱疮轻口话后编子宝山》，天保七年（1836年），武田科学振兴财团杏雨屋藏

玩着治疱疮

关于《子宝山》的该场景，跋文写道："此时，足柄

第一章 戏对疫病——疱疮神祭与玩具

山山姥之子金太郎，虽患疱疮，却玩着治疱疮。"(39)"玩着治疱疮"一词，在其他疱疮绘本中也能看到。1803 年（享和三年）出版发行的《疱疮请合轻口话》中写道："孩子们如此玩着治疱疮，轻轻松松等结痂！"(40) 出版于 1843 年（天保十四年），由为永春水创作的《疱疮安全儿童杂技》中写道："疱疮症状轻，各地孩童们，玩着治疱疮。"(41)《痘疹必用》中亦写道："世人皆知疱疮乃小儿之大厄，轻者游戏间便已痊愈，未成年中亦有不服药者。"诚然，对于轻症的疱疮，很多人玩着玩着就痊愈了。反过来说，玩着玩着就好了的疱疮都属于轻症。

如前所述，罗特蒙德注意到，痘疮画中"轻快""娱乐""搞笑"等预祝疾病痊愈的图案较多，为此他总结道："疱疮并非想避免就能避免或想祛除就能祛除的疾病，不过人们还是希望能够轻松渡过此劫，于是只好借助疱疮画中吉祥祭祀性的咒力，来减弱疱疮的威力。"(42) 也就是说，疱疮画是基于"类感巫术"的咒具，通过装饰代表"轻症"的元素，让现实中的疾病朝此方向发展。

祭祀疱疮神和慰问疱疮患者所用的玩具不也具有此般含义吗？换句话说，这些玩具完全可以被视为表演"玩着治疱疮"而使用的舞台道具。

图 6 是发行于 1810 年（文化七年），由山东京传创作的《系樱本朝文粹》中的场面之一。金五郎貌若孩童，被疱疮神附身后，召集近处的孩子们过家家、拉脖子、掰手腕、摔跤，"玩着治疱疮"。金五郎面前摆着达摩、猫头鹰、鲷车、纸老虎、过家家等一大堆玩具，背后的屏风上

037

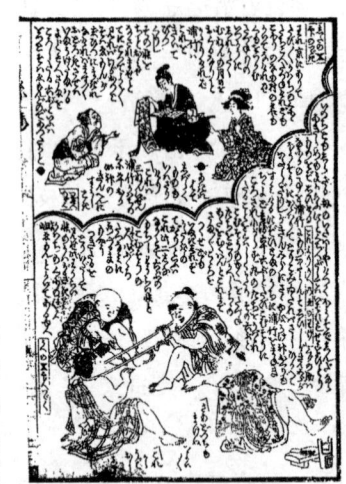

图6 《系樱本朝文粹》，文化七年（1810年），摘自《山东京传全集》第8卷

似乎贴着疱疮画。同图5一样，也表达了"玩着治疱疮"的含义。

仔细观察就会发现，图2、图3这类描绘疱疮神祭的画中，仿佛"有约在先"，孩子面前一定画有玩具（如图2画的是风车、拨浪鼓、太鼓、笛子、陀螺，图3画的是武士的提线木偶）。或许实际生活中疱疮患儿的确被大量玩具所包围。这些摆在孩子周围的玩具，正是表演"玩着治疱疮"的"象征物"。

将玩具这一要素融入疱疮神祭的做法，其实可以根据克利福德·格尔茨（Clifford Geertz）分析巴厘的国家礼仪时所用的"形而上学的戏剧"的概念进行解释，即"展示一个本体，通过展示这一本体，让其实际发生——促使其成为现实之物——如此之戏剧"[43]。人们用玩具作为"象征物",让患病的孩子、看护的大人以及探望的亲人,表演"玩着治疱疮"这一本体,再据此盼望实际的疱疮转为轻症,基于这一目的的礼仪正是疱疮神祭。表演者们都清楚这是一种"戏剧",但它却有效缓解了当下的不安,让人们看到了一丝未来的可能性。如2020年的"Amabie挑战",在疫情成为常态化的都市,为了与疫情(和疱疮)共存,人们掀起了这一活动。

四　戏对疫病

麻疹绘

江户时代,疱疮于众多疫病之中被赋予了极其特殊的含义。那么,其他疫病是否也产生了疱疮神祭这般特殊的习俗呢?

麻疹同疱疮一样,感染一次就不会再感染,全身起疹子等症状也与疱疮极其类似。但似乎没有祭祀"麻疹神"的活动。正如桥本伯寿在《国字断毒论》中所言:"麻疹同样流行,死者亦同痘疮无差,按理应祭麻疹神,然今无此例,大概约二十年一流行,恐惧之情自然松缓,故不祭此神罢。"[44] 江户时代,麻疹的流行周期约二十年,因此祭祀麻疹神的习俗并未落地生根,而是同其他疫病一样,采用了"送疫神"的方法。

不过，麻疹流行时亦出现了类似疱疮绘、疱疮绘本的出版物。如1776年（安永五年）麻疹流行时，发行了草双纸《童麻疹之后》，1803年（享和三年）出版了式亭三马的滑稽本《麻疹戏言》、童话本《麻疹童话》，疱疮绘本《麻疹请合笑话》也于同年问世。1824年（文政七年），十返舍一九的草双纸《右之通麻疹寿福请取簿》、滑稽本《麻疹童话双纸》《麻疹谵语》先后出版，1836年（天保七年），疱疮绘本《疱疮请合笑话》再版，后篇《子宝山》也一并发行。1862年（文久二年），麻疹最为严重时，市面上出现了大量画有麻疹咒语、麻疹保健、击败麻疹瘟神等图案，名为"麻疹绘"的锦绘。虽说这些都是出版商视麻疹流行为商机"创造"出来的东西，但同疱疮一样，从中亦可窥见江户时代百姓"边玩"边应对疫病的心理。

再看一幅刊行于1862年的"麻疹绘"（图7）。这幅题为《痘疮　麻疹　水痘》的画中，描绘着一名插花男子同两个好似感染麻疹、疱疮或水痘的儿童看走马灯的情景。上部写着养生的注意事项和食物禁忌，其中"病愈期间，忌怒。为解哀事、劳神之事，可与人闲聊或阅读草双纸等以消磨时间"一文需要我们格外注意。这幅画告诫人们，生病期间不可扰乱心绪，读读草双纸或玩玩玩具，保持良好的精神状态十分重要。这像不像是对因新冠疫情蛰居在家的我们所说的话呢？

第一章 戏对疫病——疱疮神祭与玩具

图7 《痘疮 麻疹 水痘》,文久二年（1862年），兵库县立历史博物馆藏入江收藏

娱乐的力量

藤井裕之比较疱疮画和麻疹画后指出："麻疹画中打败或赶走瘟神的图案较多，具有很强的攻击性，这点与疱疮画有所不同，但也可以从中看出，人们并非完全对抗疾病，而是从整体上看待此病，将其融入自身生活，采取了与之共存的姿态。"(45) 关于麻疹画，田中美纪子也认为："尽力避免困难局面的恶化，以玩的心态渡过难关，是民众唯一的心灵支柱，也是保持心态平衡的重要手段。"(46)

不仅麻疹，1838年（天保九年）出版的《绘本霉疮军谈》、1858年（安政五年）的《末代咄语扫寄草纸》等，还以梅毒和霍乱为题供人们消遣阅读。立川昭二据此认为：

041

"此类书的存在,撇开疾病的治疗方法和死亡率不谈,在某种意义上总让人感觉江户时代比现代日本对待生存和疾病的态度更加从容。"[47]

时至今日,如果再出版麻疹画这类戏对疾病的读物,恐怕谁都担心被指责为"胡说八道",或成为平台上的"热点话题"吧。然而通过"Amabie 挑战"可知,越在困难之中,越需要娱乐的力量。它虽然没有消除实际困难的能力,却可改变人们对待困难的态度。人们可以借此平复心情,朝更好的方向前进。在此意义上,娱乐正是"形而上学的戏剧"。这不同于单纯的"类感巫术",每个表演者(即使是在无意识中)都知道这是"戏剧",但其意义依然重大。就像"Amabie 挑战"一样,它驱散了疫病带来的阴郁,是真正的"驱疫之法"。

注

(1) 富士川游:《日本疾病史》,平凡社,1969,第 93 页。

(2) 立川昭二:《近世病草纸——江户时代的疾病与医疗》,平凡社,1979,第 126 页。

(3) 贝原好古:《大和事始》,载《益轩全集 卷之一》,益轩全集刊行会,1910,第 709 页。

(4) 武田科学振兴财团杏雨书屋藏。

(5) 同注(1),第 145 页。

(6) 詹姆斯·G. 弗雷泽:《交感巫术》,小野泰博译,载《现代精神》132,至文堂,1978。

(7) 喜田贞吉:《福神狌狌》,载《福神》,宝文馆出版，1976。

（8）谷川健一等编《日本庶民生活史料集成》第2卷，《探险·纪行·地志（西国篇）》，三一书房，1969，第589页。

（9）林美一校订《江户戏作文库 腹筋逢梦石》，河出书房新社，1984，第136页。

（10）佐藤文子：《近世都市生活中的疱疮神祭——以〈田中兼赖日记〉为素材》，载《史窗》57，京都女子大学史学研究室，2000，第119—121页。

（11）幸堂荻知校订《帝国文库第38篇 忠臣藏净琉璃集》，博文馆，1902，第463页。

（12）根据NHK教育频道于1994年12月31日播放的《文乐太平记忠臣讲释——喜内住家段》中的场景，摆放在米袋盖子上的纸糊狌狌人偶、两束红色神幡，以及放蜡烛的东西都被送到了门外。

（13）木户忠太郎：《达摩及其诸相》，丙午出版社，1932，第532页。

（14）同上书，第383页。

（15）日本国立国会图书馆藏。

（16）武藤祯夫编《新本大系》第十一卷，东京堂出版，1979，第225页。

（17）武田科学振兴财团杏雨书屋藏。

（18）藤冈摩里子：《关于疱疮除猫头鹰的考察——以疱疮绘为中心》，载《丰岛区立乡土资料馆研究纪要 生活与文化》15，丰岛区立乡土资料馆，2005；《浮世绘中的江户玩具 消失的猫头鹰大笑不倒翁》，社会评论社，2008。

（19）中村幸彦责编《大东急纪念文库善本丛刊》第四卷，《赤本黑本蓝本集》，财团法人大东急纪念文库，1976。

(20) 大岛建彦：《疫神及其周边》，岩崎美术社，1985，第28页。

(21) 关于这一点，我曾在拙稿《疱疮神祭与玩具——近世都市民间信仰的一个侧面》（《大阪大学日本学报》15，大阪大学文学部日本学研究室，1996）中有所论述。

(22) 增补"史料大成"刊行会编《增补史料大成》第41卷，《亲长卿记一》，临川书店，1965，第67页。

(23) 富士昭雄、井上敏幸、佐竹昭广校注《新日本古典文学大系》76，《好色二代男　西鹤诸国话　本朝二十不孝》，岩波书店，1991，第213页。

(24) 南和男：《文久的〈麻疹绘〉与世间万象》，载《日本历史》512，吉川弘文馆，1991，第100页；佐藤诚朗：《幕末维新的民众世界》，岩波书店，1994，第23页；铃木则子：《江户的流行病——麻疹骚动因何发生？》，吉川弘文馆，2012，第61页。

(25) W. H. 麦克尼尔：《疫病与世界史》，佐佐木昭夫译，新潮社，1985。

(26) 同注（1），第111页。

(27) 日本随笔大成编辑部编《日本随笔大成》第2期第11卷，吉川弘文馆，1974，第34页。

(28) 谷川健一等编著《日本庶民生活史料集成》第七卷，《饥馑·恶疫》，三一书房，1970，第97页。

(29) 皆川美惠子：《日本近世儿童情况之一侧面——痘疮的儿童策略》，载《武藏野女子大学纪要》23，1988，第123—124页。

(30) 酒井静：《日本医疗史》，东京书籍，1982，第365页。

(31) 花咲一男编著《疱疮绘本集》，太平书屋，1981，第93页。

(32)"疱疮绘"一词于1844年（天保十五年）序的《新编柳多留》第13集名为"将为朝画于平家的疱疮画"的川柳中便已得见，由此可知，该词在江户时代就已经使用了。请参见川部裕幸：《疱疮绘的文献研究》，载《日本研究》21，国际日本文化研究中心，2000，第143页。

(33)据说，钟馗是唐玄宗皇帝梦中消灭恶鬼、令其康复的神明，钟馗的肖像画常被用来驱除瘟疫，特别是全红的钟馗画又被称为"朱钟馗"，常作为端午挂旗的图案。

(34)源为朝是平安末期的武将，以"镇西八郎"之名享誉天下，保元之乱中由于支持崇德上皇一方被流放至伊豆大岛。据说，他在八丈岛赶走了疱疮神，岛上无人患病，故人们使用为朝画像和写有其名的咒符驱除疱疮。

(35) H. O. 罗特蒙德：《疱疮神——有关江户时代疾病的民间信仰研究》，岩波书店，1995。

(36)棚桥正博：《日本书志学大系四八（一） 黄表纸总览前篇》，青裳堂书店，1986，第191页。另外，据棚桥研究，《疱疮轻口话后篇子宝山》于1836年（天保七年）初版发行，据说《疱疮请合轻口话》也于同年再版。这年麻疹流行。

(37)同上书，第188页。

(38)位于江户葛西金町（现东京都葛饰区东金町）的半田稻荷，因乞讨僧一边念"天花轻，麻疹轻"，一边祈祷祛除天花、麻疹的活动而闻名。

(39)武田科学振兴财团杏雨书屋藏。

(40)大阪府立中之岛图书馆藏。

(41)同注（31），第85页。

(42)同注（36），第127页。

(43)克利福德·格尔兹：《尼加拉：19世纪巴厘剧场国

家》，小泉润二译，MISUZU 书房，1990，第 122 页。

（44）同注（28），第 107 页。

（45）藤井裕之：《天花、麻疹的疾病观——疱疮绘与麻疹绘的比较》，载《近畿民俗》142、143，近畿民俗学会，1995，第 8 页。

（46）田中美纪子：《麻疹考——定生死的医疗意味着什么》，载《历史民俗资料学研究》19，神奈川大学大学院历史民俗资料科学研究科，2014，第 61 页。

（47）立川昭二：《隐秘的治愈力——红绘本、军谈本、戏草纸》，载《文学》57—7，岩波书店，1989，第 21 页。

第二章
疫病与怪异、妖怪
——以幕末江户为中心

福原敏男

序言

近代西洋医学普及之前，不明病因、无法治疗的疫病（传染病）常被认为是超自然的东西作祟，或是恶灵、恶鬼所致。例如疱疮（天花）①因其症状被认为是狐狸附身，令百姓万分恐惧。

对于日本这一岛国来说，疫病大都源自国外，据说在729—749年的天平时代，大肆流行的疫病就是由前往唐朝和新罗学习先进文化的使者带回来的。[1]

19世纪中叶，日本和欧美各国正式往来。特别是城市居民，由于居住环境密集，外出时更易感染，因此屡次遭受疫病的威胁。

此时江户逐步引入西洋的传染病学，因此很多人并不相信疫病以超自然为媒介之说。[2]

不过，巫术般的谣言仍在部分人中流传。江户町的里正，同为学者的斋藤月岑（1804—1878）在《武江年表》中有如下记述：

① 这里的"疱疮"特指"天花"，虽然和中文"疱疮"的含义有所不同，由于下文还会出现"疱疮绘""疱疮神"等名词，这里统一使用"疱疮"。——译者注

庆应三年（1867年）正月中旬王子村（现北区）附近，一位母亲痛失因天花丧命的幼子。由于爱之深，吃了孩子的尸体后化作女鬼，在江户周边甚至市内游荡，每晚都会抓小孩吃。街头巷尾，议论纷纷。安政五年（1858年）后，玉池种痘所已开始接种牛痘，虽月岑认为这完全是"无稽之谈"，不足为信，但百姓心中的恐惧依旧无法消除。⁽³⁾

即便在明治维新前夕的江户，这种带有巫术色彩的传闻依然根深蒂固，故本文欲以幕末江户为中心试析疫病相关的妖怪和怪事。

一 疫鬼承诺书和霍乱妖怪

近松的人形净琉璃和北斋的绘马②

"再也不敢了，饶了我吧！"恶人被制服后高声求饶以保小命的情况，在现实世界中不问古今东西均十分常见，而接下来我们要讨论的是虚拟世界中让疫神签字画押的故事。

1718年（享保三年），近松门左卫门③创作的《日本振袖始》在大阪竹本座首演。该作品以日本神话为题材，其中就有让疫神签字画押的故事。⁽⁴⁾

疫神首领"三熊野大人"及其手下盘踞美浓国殡山（岐阜县美浓市），他们常以疫病折磨百姓，于是骁勇善战

② 为许愿或还愿而献纳的木牌，因最初所绘图案大都为马，故称绘马。——译者注

③ 日本江户时代净琉璃和歌舞伎剧作家，被称为"日本的莎士比亚"。——译者注

第二章 疫病与怪异、妖怪——以幕末江户为中心

的须佐之男④领命惩治疫神。天照大神平定苇原国时,曾让恶鬼恶神签字画押,不得危害日本,结果漏掉了"三熊野"。

殡山之战,须佐之男领兵大败 404 名疫鬼,制服了三熊野。被按倒在地的三熊野发誓不再伤害苇原国的百姓。须佐之男要他签字画押,三熊野乐得直蹦,说:"只要饶了我这条小命,让我画一千张都行!"疫鬼们画完押后,三熊野在卷轴的末尾处"重重地按上了左右手印,高呼苇原国的百姓无病无灾,长命百岁,留下一纸",便不见踪迹了。

须佐之男率领大军凯旋的途中,城中的敌对势力早有埋伏,于路旁拉起注连绳⑤,大概是想用咒术封堵同疫神交战后沾染了污秽的一行人吧(类似于民俗中劝请绳⑥等封路仪式)。

江户川辉的《本朝振袖之始素戈呜尊妖怪降伏之图》(5)(图 1)正是后世借用近松创意创作的锦绘。该图描绘了妖怪被素戈呜尊率领的众神所震慑,而神镜中映着的正是蝇声邪神签字画押的场面。

接下来,再看葛饰北斋笔下的"疫鬼画押"。将疫病作为下等疫鬼,赋形于绘马之上(图 2 上为复原的整体图),制服后令其签字画押,确保疫病不再流行,江户百姓的这种想象力很值得探究。

1845 年(弘化二年),武藏国石原町的百姓,在祭祀须佐之男命(牛头天王)的牛(岛)御神社开龛之时,供奉了一幅居住于此的北斋所画的近 3 米宽的大绘马。

④ 日本神话中伊邪那岐所生的三贵子之一,又称素戈呜尊、牛头天王等。——译者注

⑤ 日本神道文化中一种具有重要象征意义的绳索,象征"神域"的入口。——译者注

⑥ 为防止疫鬼、污秽等进入特定区域,用稻草等编制的绳子、草鞋等。——译者注

鲶鱼之怒：日本大众文化中的天灾·疫病·怪异

图1 （上）《本朝振袖之始素戋呜尊妖怪降伏之图》，国际日本文化研究中心藏
（下）局部，签字画押的蝇声邪神

第二章 疫病与怪异、妖怪——以幕末江户为中心

图2 （上）《须佐之男命厄神退治之图》复原绘马，墨田北斋美术馆藏（下）局部，"疫鬼画押"，画像提供：墨田北斋美术馆藏/DNPartcom

同近松作品一样，该绘马也讲述了因驱病闻名的男命制服15只疫鬼的故事。面对男命的神威，疫鬼不战自降，向俯身而视的须佐之男及其手下道歉，发誓今后言听计从，恳求饶其一命。该绘马于隅田川旁的神社挂了近80年，1923年（大正十二年）因关东大地震连同神社化为了灰烬

053

（复制品供奉在原址南侧的墨田区牛岛神社）。

铃木则子认为，1845年（弘化二年）前后，江户未流行疫病，因此该绘马并非为驱赶特定疫病，而是单纯选择了春季多发的疫病，作为赏樱胜地——墨堤附近神社的绘马主题。[6]

该绘马完成的次年，北斋又创作了一幅绢本《朱描钟馗图》（墨田北斋美术馆藏），该作品描绘了人们借助红色的咒力于端午节驱除疱疮的心愿。其主角正是日本的神明——须佐之男。

京都的祇园神社也供奉着因苏民将来[7]之传说而被认为驱疫最为灵验的须佐之男（牛头天王），另外当地还有将祇园祭的驱邪粽子和写有"苏民将来子孙也"的符咒挂于门前的习俗。牛岛御前神社同样拥有驱离疱疮、消灾除病之功，神佛习合时期[8]，两大神社内的寺庙均属天台宗（后者为浅草寺分寺院）。

2016年"墨田北斋美术馆"开馆之际，人们对烧毁的绘马进行了彩色复原，并以《须佐之男命厄神退治之图》为题供世人参观（图2）。1910年（明治四十三年）《国华》（20篇240号）中，曾以《葛饰北斋素盏雄尊图》之名登载过一幅黑白图。另外，1860年（安政七年）窗鹅创作的《须佐之男命厄神退治》（大英博物馆藏），以及1910年（明治四十三年）山内天真（山内生）创作的《北斋翁恶神降伏》（日本国立国会图书馆藏《东都绘马鉴》，电子藏品第18组）作为该绘马的临摹图传于后世，而现在的题目正取自供奉15年后（还没有太褪色）窗鹅创作的名画。

---

[7] 日本传统神话中一位与驱邪避灾相关的人物。——译者注

[8] 神佛习合指日本神道和佛教合一的现象。——译者注

铃木根据绘马对于病症的描述、幕末江户疾病流行的状况，以及北斋等人的绘画，推定疫鬼代表的疾病应为天花、梅毒、流感、疥癣、腮腺炎、阴囊水肿、白化病、下肢障碍、猩红热（还有除疫病外的其他疾病）。[7]

绘马下方，疫鬼正在一卷字据上按手印（图2下方），其上数枚手印清晰可见，大概是让所有疫鬼都按了手印吧。

生死握在别人手中的疫鬼，跪在须佐之男面前，忏悔曾经的罪恶，发誓从今以后言听计从，才免于一死，被打回了疫鬼的世界。

铃木总结到，绘马的"画面之所以充满跃动感，不是因为它描绘了同疾病永无止境的斗争，而是描绘了江户人接受疾病并谋求适度共生，或感觉总能过去的，对生的'坚韧之情'"[8]。

的确，从百姓对疾病的达观态度中，还可窥见江户百姓让疫鬼"求生不能求死不得"，使其臣服于脚下的愿望。

然而，同绘马、近松的作品一样，让疫鬼签字画押，保证疫病不再流行才饶它一命的创意并非原创。

如，锦绘上描绘的源为朝击败疱疮神的故事就广为人知。

歌川国芳创作的锦绘《为朝和疱疮神》[9]中，源为朝于八丈岛制服的疱疮神被画成一个老太婆，大概是离开前正呈递签字画押的字据吧。月冈芳年创作的《为朝武威退痘鬼神之图》[10]也描绘了源为朝击退三个痘鬼神的场景，为朝脚下放着的是插在稻草上的红色币帛（让痘鬼神依附其上）以及痘鬼神按了手印的字据。

另外1862年（文久二年）麻疹流行时，芳员创作的《麻疹养生集》[11]还画有倒掉的澡堂（老板）和艺妓等人将麻疹神和发了横财的医生围在中间责骂的场景。麻疹神前面放着的大概就是按了手印的字据吧。

再看鲶绘《地震的护身符》[12]，四只鲶鱼（象征东西南北，日本全国的地震）被鹿岛大明神带到天照大神、地神、井神面前，正在赔礼道歉并签字画押。

此外，江户后期关东地区还有《疫神致歉书》（不是按手印而是签名盖章[13]），岩手县盛冈市亦有《鬼的手印》等传说，[14]可见该主题分布甚广，但归根结底都应源自中世向神佛发愿的祈请文吧。

霍乱妖怪——虎狼狸与美国的御先狐

19世纪以后欧洲加速对外扩张，原为印度地方病（风土病）的霍乱，随人的移动传播至东南亚及中国等地，引发数次灾情。多人发病三日便猝然离世，故在日本又被称为"三日离"，1822年（文政五年），霍乱袭击了西日本地区，1858年（安政五年），该病再次席卷日本，夺走了更多鲜活的生命。[15]

五年前的1853年（嘉永六年），佩里率黑船抵达日本，次年日美两国签订友好条约，下田、箱馆被迫开港。

第二章 疫病与怪异、妖怪——以幕末江户为中心

同年，日俄两国亦签订友好条约，长崎被迫开港。1858年农历五月，美国船员携霍乱于长崎登陆，当地居民感染后瞬间从九州传至东国，六月下旬又传至东海道，逼近江户城。

此前的六月十九日，日美签订《日美友好通商条约》，幕府正式打开国门，江户就此卷入危机之中。

对于岛国日本而言，"开国"是一把双刃剑，既看见了通向近代"国民国家"⑨的曙光，也存在着疫病来袭的风险。

源自国外的霍乱，在江户的绘画中被描绘成了虎（头）、狼（体）、狸（睾）三位一体的妖怪"虎狼狸"。人们认为此妖乃霍乱之源，因此万分恐惧。(16) 据《武江年表》记载，安政五年七月至九月，江户市内霍乱流行，人称此疾乃狐狸乘虚引发之灾难。为死于霍乱的将军德川家定服丧期间禁止吹拉弹唱，但为驱除妖孽，百姓还是抬神轿和木制狮子头至街边，于路口插忌竹⑩，门前拉注连绳，点灯笼。

为了对付来自国外的"虎狼狸"，以免途中被其迷惑，人们还设立小祠堂，面向自古便以日本狼为神使的三峰山（埼玉县秩父市）进行朝拜。

据说天狗显灵便可驱走疫神，故有传言称应于檐下挂形似天狗羽毛扇的八角金盘（叶子），当时也确有人这么做。仔细看收藏于日本国立历史民俗博物馆的《安政流行物反故张》(17)（《怀溜诸屑》）（图3）就会发现，屋檐之

⑨ 日本学术界通常将近代以来形成的国家称为"国民国家"。——译者注

⑩ 忌竹指防止秽气或祭祀神明时所立的竹子。——译者注

057

下果真贴着护身符，挂着八角金盘，而此护身符大概就是三峰山的狼符吧。

町人须藤由藏将幕末有关江户的传说记录成文，取名《藤冈屋日记》[18]。根据该书第 10 卷（第 397 页），1862 年（文久二年），霍乱第三次流行，武州多摩郡三木村有人得霍乱，病愈后看到一只形如臭鼬的野兽，于是用木柴将其打死并烤着吃了。同村村民的妻子"阿时"也于八月记录了美国御先狐附体之恐怖传闻，并在文中咏道："不知臭鼬还是狐，但知猝死皆因果。"据说其他感染霍乱的人家也曾见到家中窜出同样的野兽。多摩的中藤村和谷保村，还有人称看到该野兽在霍乱死者旁乱窜的情景。由藏在"霍乱兽之记录"中写到，毛色较狐狸深，手足如猿、爪如猫，并画下了图 4 中尾巴分叉的野兽之像。

御先狐亦作"尾先狐""尾裂狐"，根据关东地区的山村传说，由于统管关八州狐狸的王子稻荷神社（东京都北区）位于江户，御先狐过不了户田川，因此除多摩地区，东京鲜见此类传闻。[19]

世代同御先狐结缘之人（家）被称为"御先狐使"（御先狐持），他们相信祭拜狐仙可兴旺家财，也可借狐仙夺取敌人之物，或让狐仙附身令其生病。根据《藤冈屋日记》，"御先狐使"之国——美国正在蚕食日本的内脏，病之尽头唯有一死，百姓为此恐惧万分。

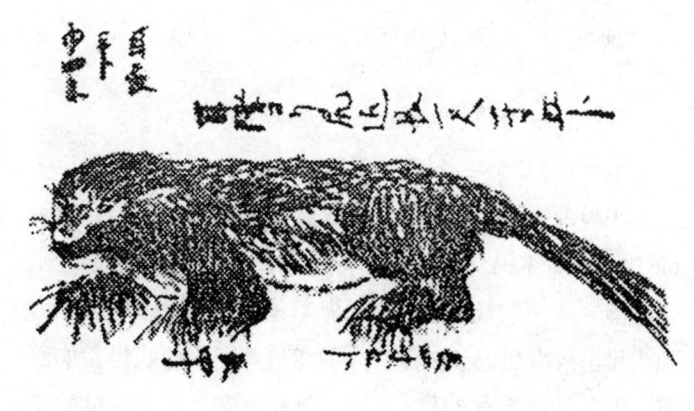

第二章 疫病与怪异、妖怪——以幕末江户为中心

图3 护身符和天狗的羽毛扇（八角金盘），《怀溜诸屑》，国立历史民俗博物馆藏

图4 "霍乱兽"之御先狐，《藤冈屋日记》

此外，根据秋田藩士井口宗翰的传闻录《宽斋杂记》（秋田县公文书馆藏），万延元年（1860年）八月，下述怪谈作为美国密令被上报至江户町年寄[11]。[20]——住在浅草的女性被萨摩国的狐狸附身后，用与平时判若两人的口吻对丈夫说，为助驻守于相州之美军，千只狐自美国而入，我等萨摩狐前来查证。

两年前霍乱流行的阴影（登陆长崎的美国士兵为感染源），加上万延元年幕府向美国派遣使节之时代背景，让百姓人心惶惶，坚信美国狐为暗中保护美军散播了霍乱。

19世纪中叶，外有欧美逼迫开国之患，内有疫病、地震、饥荒之忧，世象每况愈下。这个时代特有的社会不安也成为日后攘夷高涨、讨伐幕府的原因之一。

二　预言兽——瓦版与抄本

瓦版、护身符、Amabie

2020年新冠疫情期间，据说能够击退疫病的妖怪 Amabie 吸引了日本民众的目光。[21]

汤本豪一曾将 Amabie 作为"预言兽"进行过考察。他将目击故事和记录较多、人们相信其存在的妖怪，如河童、人鱼等称为"幻兽"，其中预言未来并告知人类的妖怪，如"件"[12] "白泽"等又被称为"预言兽"。[22]

[11] 江户时代町村长的官名。——译者注

[12] 半人半牛的妖怪。——译者注

常光彻在此基础上将其重新定义为：预告疫病流行会引发众人死亡，告知消灾之法后销声匿迹的妖怪。[23]

另一方面，有关预言兽的主要资料——瓦版等木版印刷物很早就具有了护身符的属性。

从事媒体史研究的平井隆太郎，将这种百姓广泛接受的瓦版称为"俗信瓦板"，他向我们展示了若干描绘怪物（预言兽）作为神明及其信使传达神谕的事例。[24] 平井指出，瓦版和报刊本身作为护身符一事并非近世突现，而是沿袭了古代的传统。

另外，还有人认为"预言"是"表达护身符特性的方法"，[25] 想必多数百姓都希望在疫病流行之时看看瑞兽，一饱眼福吧。

今日，Amabie俨然成了预言兽的代表，但当时涉及Amabie的资料却仅有弘化三年（1846年）四月中旬发行的瓦版《肥后国海中之怪（Amabie图）》（京都大学附属图书馆藏）[26]。

图中跋文的现代语义如下，但对免病之神效只字未提。

> 肥后国（熊本县）海中，每至夜里有一物发光，当地官员前去调查，画中怪物现身。"我住海中，名为Amabie，今起六年间，各地丰收，但疫病盛行。速速画我身姿，展于世人吧。"说完便回到海里了。

和其他的预言兽不同，这段文字既没有记载具体的"疾病"（疫病及大量死亡等），也没有说看了Amabie的画

061

像便可免于疾病的功效。作为瓦版和护身符，最多算个次品。

　　三足立于浪中，嘴如鸟，体覆鳞片，三只鳍，犹长发人鱼，绘画幼稚而拙劣，可爱的形象让人感觉不到一丝驱赶疫病的威力，既忘了备注功效，也无类似仿品，大概没能广为流传吧。

　　文末道，此江户刊行之瓦版乃"（肥后）官员禀送至江户之摹本"。[27] 长野荣俊认为，之所以用"官员送至江户之摹本"作为情报源，既说明官员履行了"画我身姿，展予世人"的承诺，也包含诱导江户百姓"购买此画"的用意。[28]

Amabiko 和姬鱼

　　汤本和长野均认为 Amabie 源自早前出现的预言兽 Amabiko 和姬鱼，特别是汤本广泛收集了江户后期至明治中期有关 Amabiko 的瓦版、抄本（复写）及相关报道（前两种大都描述了疫病暴发时的消灾法和功效）。[29]

　　长野首先提出了这样一个假说，即1814年（文化十一年）广为人知的"说话猴"传说对 Amabiko 的诞生产生了巨大的影响。[30] 他认为1843年、1844年（天保十四年、十五年），名古屋传来的抄本上画着的三足怪兽 Amabiko 正源于这三只猴。[31] 此外亦有资料印着"唯见此图，方可免

第二章 疫病与怪异、妖怪——以幕末江户为中心

死"的销售文案，由此可见，早期的瓦版经复写后广传于世，这便是其传播路径吧。

此后，1858年（安政五年）和1882年（明治十五年）霍乱暴发时，市面上也出现了与天保时期的抄本采用相同文案的印刷品，1875—1881年（明治八至十四年），图案和文字有所改变的印刷品、复写品也于各地盛行。目前，除Amabie外还发现10份有关Amabiko的资料（印刷物、风闻录以及贴交帖等）。[32]

汤本和长野认为Amabiko的下述特点，如出现于海中（多在肥后[13]，非水生兽的形象），预言疫病和丰收、消灾方法（观其肖像、抄写、将画和印刷品贴于自家、告知他人等），姓"柴田"的目击者，脚多于三只，形似猿猴，朝左侧身图等（本章的预言兽均无正面图和朝右的侧身图）[33]均可作为其共通的要素。

[13] 日本古代令制国之一，大约为现在的熊本县。——译者注

汤本推测Amabie就是Amabiko之一，只不过在名称的书写上有误罢了（将"コ[ko]"误写成了"エ[e]"）[34]。

也就是说，汤本认为Amabie在名称、文字、三足、鱼鳍、突出的嘴等要素上效仿了Amabiko。长野对此表示赞同，此外他还指出，Amabiko资料中容貌声音与猴相似的描述很多，但外形上与人鱼系（鱼系）Amabie的相似性却不高。[35]

Amabie的另一个源头——姬鱼，现身于肥前平户及熊本的海中，预言了名为"虎狼痢""卧得死"的疫病，长发、人面、龙身，形似人鱼，尾鳍如三把剑。汤本和常光

063

曾将因瓦版及抄本（复写）传世的神社姬、蛇姬、龟女、濡女（下半身为鱼）归为一类进行过考察，根据长野的最新研究，各地传世的瓦版近20件。[36]

1805年（文化二年）姬鱼类的怪兽散见于各地，如加藤曳尾庵撰写的《我衣》中，就记载了当年夏天发生赤痢暴动时，有人沿街叫卖神社姬画像的情形。[37]另根据《武江年表》，1819年（文政二年）夏江户暴发霍乱、痢疾（赤痢），死者众多，书中称"此乃避病护身之物，探幽之戏画，摹百鬼夜行中濡女图，尊其为神社姬，流于世间"。江户时代《画图百鬼夜行》中所绘的蛇身濡女妖怪图，被吹嘘为狩野探幽的临摹品，于江户城进行售卖。

总之，正如汤本和长野所言，Amabie深受Amabiko、姬鱼等影响，是在这些瓦版和复写品的基础上创造出来的预言兽。

Amabie现身的1846年农历四月，疫病尚未广泛流行，瓦版中甚至连消灾避病这一功能都忘了写，可见当时江户发行了千奇百怪的预言兽瓦版（其中也有为了追求速度而粗制滥造的东西吧）。

据推测，其中一种Amabie很有可能是被有意创造（想象）出来的。有资料将其写作"海彦"，神社、祭神名中"彦和姬"（男女神）多成对出现，如若狭彦、若狭姬等，或许与"海彦"成对的"姬鱼风的海姬"也基于这一想法吧。可能画工或雕工手误，将海姬（Amabime）误写成了Amebie，也可能是Amabime的发音较难，故意将其改成了Amebie。

Amabie 并未出现在熊本的目击者记录及传说之中（基本与预言兽相同），或许江户的出版制作方并未考虑到肥后，只是根据 Amabiko 和姬鱼创作了 Amabie。瓦版刊行的四月，八代海（不知火海）浅滩常出现海市蜃楼，可能江户也以这一神奇现象为背景，创造了看似浮于海上的 Amabie 吧。[38]

神田明神使童子

1858 年（安政五年）霍乱流行时，江户出现了两种绘有神田神社使童子预言除灾的长方形单幅版画（木版墨摺）。

一种是收藏于日本国立历史民俗博物馆的《神田大明神使童子之图》[39]（以下称历博本），为江户霍乱最严重时发行的瓦版、护身符。

图 5 的跋文称，同年八月上旬"Kitae 童子"于神田神社现身，预言疫病，传授防病之法。"Kitae"（稀代）是关西方言"Kettai"的原型，与"怪态"相通，为奇、少之意，此处大概意为"不可思议的童子"吧。童子语出惊人："疫病流行前预先告知尔等，江户至全国各地起恶风、散恶气，人人皆受此害。受此恶风者即死，水接恶气则为毒水，鱼饮之则成毒鱼。画吾身姿贴于家内方可避此祸。"童子说完后，便消失在神田明神前。

图5 《神田大明神使童子之图》，日本国立历史民俗博物馆藏

面对霍乱流行，童子表情愤怒，如现代漫画之造型，头发、身体似人，眼珠突出，头生双角，无鼻却有鸟或鳄鱼般的嘴和牙齿。裤裙之下双脚有蹼，犹似水中生物。

虽文末注有"神田社家行事"，假借神社发行，且盖有"天下太平"之方印，但显然是出版商伪造的。不过对于当时病急乱投医的江户百姓来说，却成了救命护身之灵符。

另一种是藏于东京大学综合图书馆"田中芳男文库"《捃拾帖》第三帖中的《恶病除之事》，该图贴于田中收集的剪报双联页中。[40]

图6的童子绘上写着"恶病除"三字，虽预言不可思议的"恶气""灾难"，但未作具体说明，结合历博本可知

为 1858 年的霍乱。

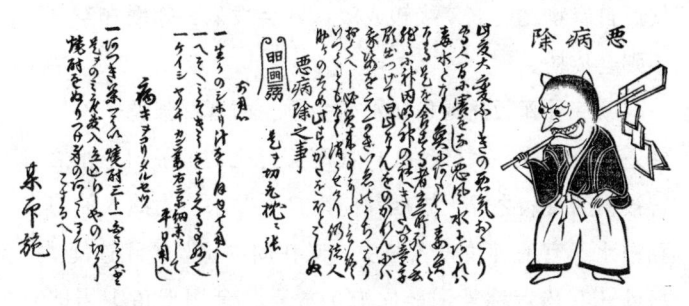

图6 神田明神 Kitae 童子，东京大学综合图书馆藏《捃拾帖》第三帖《恶病除之事》

恶气伤人，恶风触水则生毒水，鱼成毒鱼，食之即死。"Kitae 童子"现身于神田神社，告世人"欲逃此难，画吾身姿，贴于屋内"后，便踪迹不见了。据说童子为救世人，才以图中的形象示人。笔者认为两者均为霍乱最严重时发行的"马后炮式预言"。

该印刷品不同于历博本及其他预言兽的版画，除观其肖像，还记有"恶病除之事"的具体方法。首先将图6 的符咒剪下贴于枕头之上（可能是对白泽图的模仿），欲防此病，饮姜汁，于肚脐上抹大酱，若得此病，则以热茶、白酒、砂糖混而饮之。末尾写着"某印施"，这大概是将其作为自家的护身符时，需要自行署名盖章吧（故需购买瓦版）。

插画中童子头戴扮鬼能面，酷似小鬼，同历博本一样，穿着神使风的裤裙，肩扛驱邪灵幡。头生两只小角，二目圆睁向外突出，目光锐利，表情亦同历博本，面露怒色，嘴裂至耳根。

当时，人们笃信疫气（瘴气）引发霍乱一说，认为瘴气源自腐物之臭气，接触或吸入则会发病，弥漫在空气之中则会传播。(41)

第一种瓦版插画犹如水生生物，两者都强调了疫气之外还有疫水这一病因。江户霍乱流行之初，玉川上水之毒曾被视为疫病之源，故推荐使用自流井水。为此人们将赤羽根水天宫的神符投入井中，又在周围拉起了注连绳。(42) 另外还有传言称外国船向海中放毒，食用毒鱼则当即身亡，因此连活鱼也鲜有人买，特别是被视为毒鱼的沙丁鱼，其价格更是暴跌至原来的十分之一。

自古以来，神田明神就和医疗、医药、预防疫病有着极深的渊源，一之宫的祭神"大己贵命（大黑）"向因幡白兔传授了治疗伤口的方法，二之宫的祭神"少彦名命（惠比寿）"从大海的彼岸带来了医药知识，既然是该神社的信使，其版画自然备受追捧。

2020年新冠疫情暴发时，仅图6的《恶病除之事》走进了人们的视线，(43) 但1858年霍乱流行之际，两图中神田明神派来的童子应该都在摇幡起风，驱赶疫气吧。

白山双头乌

接下来，我们再看看加贺国（石川县）白山熊野权现⑭的神使——双头乌。

霍乱流行前一年的1857年（安政四年），三本书均记

⑭ 权现是一个佛教用语，指菩萨为普度众生而权巧化现各种形相。在日本文化中，诸神被视为菩萨的垂迹，在诸神名号之下加"权现"以显示其为菩萨的随机应化，不同于普通神祇。——译者注

有一只双头乌鸦（均为白色，或一黑一白）现身于白山，预言"灾难"的故事。

一本是江户末期名古屋传闻录《鸡肋集》（抄本，蓬左文库藏）的安政四年卷，作者为尾张藩士安井重远。白色双头的乌鸦现于白山，以人语道："'今年'有大难，世人十有九亡，然画我容貌，日日观之则可免此难。此乃纪州熊野大权现之神谕，绝不容疑！"说完便飞走了。

这一预言不说明年，而说安政四年会有大难。

另一本是记录江户风物及传说的《安政杂记》（藏于日本国立公文书馆内阁文库），作者为上州沼田藩（现群马县沼田市）的剑术师藤川整斋。该书安政四年有关双头乌的记录中未附日期，但根据前后信息可知应为四至六月这一期间。

图7白色双头的乌鸦预言道："明年将有大难，世人十有九死，我乃熊野权现之神使，画我容貌，朝夕参见，则可避此难。"藤川称得知江户盛行的传言后，他亦写下预言，画下双头乌。

还有一本是甲州市川村（现山梨县山梨市）村官喜左卫门撰写的《暴泻病流行日记》（山梨县立博物馆藏）。其中安政五年八月条记载了暴泻病（霍乱）最严重时江户传来的消息。2020年新冠疫情暴发时，图8漫画风格的黑白双头乌插画被所藏的博物馆命名为"预言鸟"，上传至社交平台后引发热议。[44]

图7 白山双头鸟，《安政杂记》，日本国立公文书馆内阁文库藏

图8 预言鸟，《暴泻病流行日记》，山梨县立博物馆藏

画中称安政四年十二月，双头鸟传神谕称"明年八九月，世有大难，十人九亡。我乃熊野七社大权现之神使，彰显神武天皇武德之御前鸟（神话中曾引领神武天皇远征）。朝夕见我容姿，方可避难"。同前两书一样，为让"去年的预言"更具真实性，该书也没有记载正在发生的霍乱疫情。

上述三书中，双头乌现身的时间和"灾难"发生的时间虽有不同，但十人九死及观神使乌鸦以消灾避难的方法却如出一辙，或许这些都抄自名古屋和江户的传闻吧。

白山神作为自然神主司水（农耕神）、神使雷鸟主防火，[45] 同熊野信仰一样，与驱除疫病并无直接联系，双头乌在此大概是假借熊野御前乌的盛名吧。

《鸡肋集》和《安政杂记》的信息源位于安政四年的名古屋和江户，疫病、自然灾害、火灾等无疑加重了人们的不安，于是便有人散播明年遭灾的预言，欲借此创造商机。

正如传入甲州的谣言，第二年霍乱一暴发，这种马后炮式的怪谈便谎称，去年预言的"灾难"正是此霍乱，于是可避霍乱的双头乌传说及其画像便成了印刷品。

传闻录和日记中的插画均非熊野的足八尺乌。两图除单侧头一黑一白的差别之外，前者（图7）以写实的方式描绘了乌鸦纤瘦的身体，而后者（图8）则采用了圆润的插画风。虽与名古屋、江户的瓦版均出自同一信息源，但图8应该是双头乌传说从江户向甲州传播的过程中，如同传话游戏一般渐渐变化后的产物（或许和临摹者的技术及个性也有关）。

总之，乌鸦画像同上述预言兽一样，如果没有文字说明，仅靠口口相传，是绝对难以想象的（虽尚未论证，但加入插画的印刷品应更具说服力）。当然，也有可能是名古屋和江户的传言被制成瓦版及护身符，出版发行后迅速流行，之后又被大量复制印刷之故。

三 文久二年的送疫病

阿多福[15]面

1862年（文久二年），麻疹大规模流行。其间江户亦有人感染阿多福风邪，阿多福风邪乃因病毒感染导致腮腺肿胀的疾病。斋藤月岑在八月四日的日记中简绘了一张草图（图9）。虽然日记中月岑并未对此进行说明，但看上去应该是在用扇子扇风以驱除疫病。[46]

笔者认为该图描绘的应为头戴面具的大人和小孩，但他们是否为病人却不得而知。

月岑于三年前，在《武江年表》安政六年（1859年）

[15] 阿多福是日本能剧中的女性面具，其形象为圆脸、前凸的额头和含笑的眉眼。——译者注

图9 送阿多福风邪，《斋藤月岑日记》，东京大学史料编纂所藏

第二章 疫病与怪异、妖怪——以幕末江户为中心

十二月十五日条中曾提及浅草年市售卖肉色阿多福面具一事。据说阿多福面具起源于天保年间（1830—1844），由神田雉子町的工匠所制，为神田神社年货市场上售卖的吉祥物。

阿多福面具曾多次流行，歌月庵喜笑（小田切春江）于《名阳见闻图会》[47]第三篇（下）天保五年（1834年）六月条中也曾绘有图10的"阿福假面店"。这月中旬，名古屋城下本町十丁目西侧有新店开张，专门销售扇形木片上安着纸制阿福面具的吉祥物。阿福之流行始于长崎，据说将其挂于家中，早晚观赏便可长命百岁，不过这波热潮很快就退却了（或许人们认为疫病之祸和阿福都是从外国经长崎而来的吧？）。

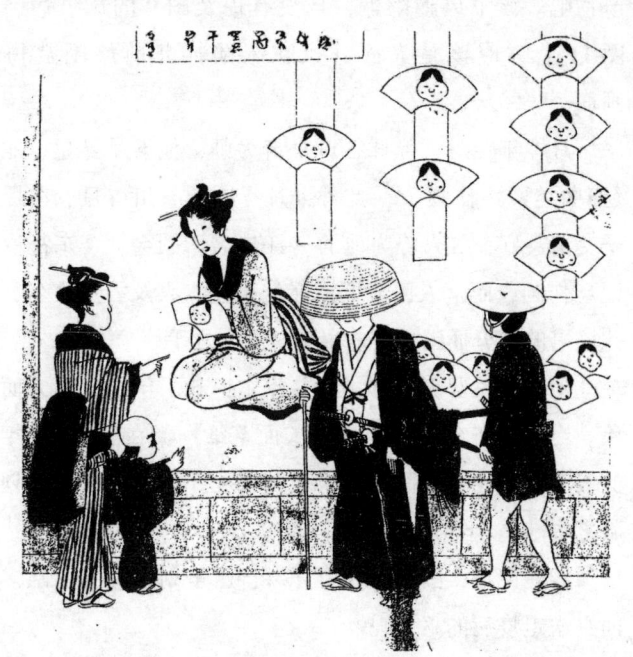

图10 "阿福假面店"，出自《名阳见闻图会》第三篇（下）

总而言之，虽说民间神乐中"阿龟"这类滑稽的丑女面具可招来福气，但月岑似乎对图9中下脸浮肿的男女老少更感兴趣。

莫非月岑看到下脸浮肿的病人，想起了自己年轻的时候？话说1827年（文政十年），月岑24岁（或许更早），当时他对图9下脸浮肿的容貌产生了特别的兴趣，于是创作了《人面草纸》[48]（纸质上色本、1册）。汤本豪一巧得此书，现藏于广岛县三次市为纪念汤本而设立的"日本妖怪博物馆三次物怪museum"中，供人参观。笔者也曾于2020年亲见实物，书中下脸浮肿（脸颊和下巴宽大）的人物正于江户市区及近郊游玩，这大概是月岑独创的产物吧。该书风趣幽默，且没有提及图9的送疫病，如图11上方应该是人面一家在米团摊儿前悠闲赏梅的画面。

月岑年轻时，曾拜谷口月窗为师，他天赋异禀，能为《声曲类纂》作画。[49] 此外，月岑同长谷川雪旦、雪堤父子交情甚好，二人曾为他的《江户名所图会》《东都岁事记》作画，而《人面草纸》亦记有此二人及雪贡之名，因此该书的部分插图也可能出自这三人之手。

阿多福风邪流行时，月岑并非想起了年轻时的人面形象。当时，35年前创作的《人面草纸》尚在手头，4年前的安政五年，《人面草纸》虽与当初不同，但仍在计划出版之中。[50]

如此说来，图9是否为月岑自己策划主导的以阿多福面具送走疫病的巫术呢？

第二章 疫病与怪异、妖怪——以幕末江户为中心

图 11 《人面草纸》部分，汤本豪一纪念日本妖怪博物馆"三次物怪 Museum"藏

酒吞童子的麻疹绘

1862年（文久二年）麻疹暴发时，江户市面出现许多名为《麻疹绘》的彩绘，其前身是称作"赤绘"的疱疮绘，常用疱疮神惧怕的赤（朱）色勾勒钟馗、源为朝、金太郎、桃太郎等驱魔人物，贴于门口以保家护院。富泽达三将麻疹绘的图案分为七种，其中一种就是"表现打败麻疹的图案（殴打、威慑等）"[51]。另外，画中可对付麻疹的食物和器物也被拟作人，同生意上遭受打击的商家一起惩治麻疹神，将其赶出人们的"生活圈"。

图12歌川芳藤所画的《麻疹退治》当属其一，画中酒吞童子被视为麻疹神，脸上的红色斑点则表示发疹，正被药材商等按倒在地。

另有一幅芳藤所绘《麻疹送出图》（图13），它和图12尺寸大体相同，麻疹神的容貌也完全一致。麻疹神被置于十字形的竹子中间，像抬轿子一样被送了出去。这里虽然送的是麻疹神，实际上却模仿了传统的"送疱疮神"仪式，将麻疹神置于栈俵⑯，背上插红色神幡，前方摆红色镜饼⑰。抬轿子的轿夫是拟人化的甜米酒、年糕小豆汤、糖稀、酱菜等对麻疹病人有益的食物，而药材商和医生正在一旁摇扇打拍。

也就是说，同一麻疹神在图12中被"击败"后，又在图13中被"送出"去了，两幅图可谓时间和仪式上表现推移的连续作品。内藤纪念药物博物馆中也藏有这款锦

⑯ 用稻草编的米袋两端的圆盖子。——译者注
⑰ 供奉神明的圆镜形年糕。——译者注

第二章 疫病与怪异、妖怪——以幕末江户为中心

图12 《麻疹退治》，日本国立历史民俗博物馆藏

图13 《麻疹送出图》，日本国立历史民俗博物馆藏

第二章 疫病与怪异、妖怪——以幕末江户为中心

绘,据说刊登于东京《时代及书店目录》第154号(2020年)的同款锦绘也于同一时间购于同一旧书市,这些锦绘莫不是成套制作、流传于世的吧?

此外有些患者病愈后,会烧掉疱疮绘和麻疹绘,大概是认为病附在了锦绘之上吧。

图13犹似犯人于"江户市内游行示众"的场面,但麻疹神并非被带至刑场,而是被送回了原本的疫神世界,变成了"碰不到的神明",不再危害百姓。

中世以后的"酒吞童子退治谈",原本为战功显赫的源赖光[18]打败居住于大江山的童子后,高举其首级于京城大道凯旋的故事。

据高桥昌明研究,谣曲中靠近都城的原大江(枝)山"老坂"(相传酒吞童子的首冢就位于龟冈市通往京都市西京区山阴道的老坂峠)正位于都城和外界的交界地带。这里既是守护都城安宁清净的阴阳道四境祭之舞台,也是妖魔盗贼的藏身之地。(52) 高桥认为,于都城散播疫病的污秽疫鬼正是酒吞童子的原型,而"童子退治谈"则是武士领命来此,将疫病封于此境界之地的故事。

酒吞童子之所以被看作疱疮神和麻疹神,同发疹时的红色斑点不无关系,笔者认为,"朱点童子"这一意象很有可能在上述疫鬼传说的基础上,又添加了"朱色咒力"的想象。

童子被赖光略施小计后,烂醉如泥的大红脸和嗜酒的红色妖怪"狌狌"亦有重合之处,图14的疱疮绘《种疱疮之德》作为扇绘,画的正是红色的猫头鹰和狌狌。为缓

[18] 源赖光是日本平安时代中期的著名武将,以其勇武和斩妖除魔的事迹闻名于世。——译者注

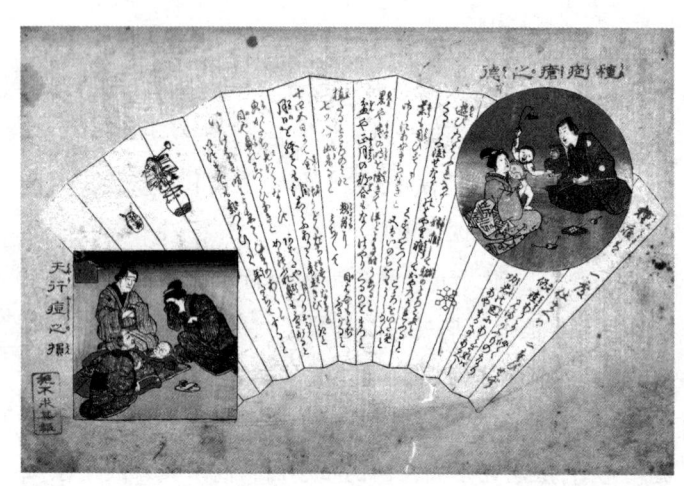

图14 《种疱疮之德》部分，国立历史民俗博物馆藏

解疱疮，病房中摆放的红色驱魔幡、吉祥物、玩具（福岛县的红牛等）、用来驱邪的红小豆等，其想象大概都是互联互通的吧。[53]

结语

本章我们探讨了幕末江户等地人们虚构的有关疫病的怪谈及妖怪，重点关注了瓦版、锦绘等木版印刷物及复写物（风说留[19]、贴交帖及日记等）。

江户后期，人和物的移动、情报的快速流通令社会和政治发生了巨变，疫病和自然灾害的频发也让世间陷入不安。

根据长野荣俊的研究，17—18世纪的资料大都记录动

[19] 各地传闻的资料集。——译者注

第二章 疫病与怪异、妖怪——以幕末江户为中心

物及神秘物体预言疾病一事,而预言兽则是19世纪以后才流行的现象,对此他做以如下推测。[54]

随着读写能力的提升,瓦版等木版印刷物作为快速传播时事、案件、灾情的新闻媒体,经复刻后散播至各地,至19世纪呈爆发态势,故全国出现了多种记录信息的集子(风说留、随笔、日记等)。

富农豪商、村知识分子以及同他们共享此文化的下级藩士作为中坚力量,时常聚在一起交流(传阅)各种信息,甚至地方也出现了向他人转达信息的阶层。正是在此背景下,这种"画我肖像"的消灾之法才有了意义。

另外,如果配以插图的预言兽资料不对其形象作文字说明,仅靠口口相传或流言蜚语,其诞生是万难想象的。而通过复刻进行散播也有一定限度,因此笔者认为,这种预言兽资料必定是一开始就被设计成了配有插图的瓦版、护身符或锦绘等木版印刷物。

天保改革失败后,政府对出版行业的管控有所放松,百姓对灾害的关心程度却有所提高,特别是1840—1850年间出现了以都市为中心出版商急增的倾向。

一般来说,不像锦绘那样加盖验讫印,均属非法媒体,故瓦版中多含虚假新闻,为增加销量,自杀、复仇、死刑、殉情等事件常被夸大其词,内容本身也多是虚构的奇谈怪论以及戏仿逗乐的东西,而预言兽的瓦版中甚至连画师和出版商都没有注明。

瓦版作为娱乐对象于市面流通的同时,和同时代的疱

疮绘和麻疹绘一样，还成了通过文字和图像消灾除病的护身符。

19世纪，预言兽瓦版的出版商（浮世绘师及通俗小说作家等人）将百姓驱病消灾的渴望作为赚钱的手段，通过嘴皮子功夫，如能说会道之人的沿街叫卖，加剧了人们对疫病的恐惧心理，借此散播了瓦版的驱疫功能。

综上，从幕府末期至明治中期，特别是疫病多发的江户（东京），出现了有关预言兽的瓦版和报纸，到了幕末，经抄写复刻又散播至全国各地。

注

（1）《讲述——人生的礼物　中西进1疫病流行　〈万叶集〉中和平的力量》，《朝日新闻晨报》2021年1月5日。

（2）铃木则子：《江户的流行病——麻疹暴动因何发生？》，吉川弘文馆，2012。

（3）下述斋藤月岑的《武江年表》由今井金吾校订，筑摩学艺文库版，上卷2003，下卷2004。

（4）近松全集刊行会编《近松全集》第10卷，岩波书店，1989。该作品属于神代主题的《日本王代记》系列，讲述了须佐之男命为寻找被人夺走的十握剑击退美浓国恶鬼的故事。后前往出云的途中，他为吉备国巨旦将来和苏民将来的兄弟之争作以裁决，拯救了八岐大蛇的活人祭品——奇稻田姬，最终夺回了宝剑。作品的前半部分（姑且不论近松的取材方法），将美浓市大矢田地区的丧山及其信仰比作殡山进行改编。坐落于大矢田天王山的大矢田神社，其祭神为天若日子和须佐之男命，当地举行Hinkoko祭时，会用木棒人偶表演须佐之男命击退大蛇（现在）以及记纪神话[20]中天若日子中矢身亡的故事（过去）。天王山以南的小山是丧山（据说是天若日子的灵堂）的遗址，大矢田有许多与丧山神话相关的地名以及祭祀众神的神社（清水昭男：《从岐阜县的祭典说起》，一叶文库，1996）。

[20] "记纪"是《古事记》和《日本书纪》合称的缩写。——译者注

(5) 国际日本文化研究中心藏，"怪异·妖怪图像数据图"，https：//www.nichibun.ac.jp/YoukaiGazouMenu/。

(6) 铃木则子：《〈须佐之男命厄神退治之图〉（葛饰北斋）所描绘的疾病》，载《浮世绘艺术》175号，国际浮世绘学会，2018。复原后的绘马刊登于《朝日新闻》2020年11月16日晨报《文化之门"国华"1500号，名品发布》。

(7) 同注（6）及铃木则子：《〈须佐之男命厄神退治之图〉（葛饰北斋）所描绘的疾病》，《日本医史学杂志》第63卷第2号，2017。

(8) 同注（6），第13页。2020年播出的NHKBS1《学习江户的智慧 新冠时期的生存方法》中也有提及，为其一贯主张。

(9) 内藤纪念药物博物馆藏，伊藤恭子编著《流行病的锦绘》，内藤纪念药物博物馆编辑发行，2001，第18、19页。

(10) 同注（5）。

(11) 同注（9），第69页。

(12) 同注（5）。

(13) 关于疫神致歉书的研究，请参见大岛建彦的《疫神的致歉书》（《疫神及其周边》，岩崎美术社，1985），《疱疮神的致歉书》《滚蛋吧疾病 恶疫、巫术与医术》（古河历史博物馆编辑发行，2001），《疫神的致歉书》（《灾难与信仰》，三弥井书店，2016）。这些都是模拟疫神对某人许下的承诺，主要见于江户以外的关东地区。一般认为初见于宝历四年（1754年）的谈义本《八景闻取法问》（木版印刷物，日本国立国会图书馆藏）。除此之

外,几乎都是江户后期陆续抄写的版本。

(14) 以下源自及川悌三郎的《盛冈市文化遗产系列 第 13 集 盛冈传说》(盛冈市教育委员会,1985)、岩手日报社编辑发行的《漫步岩手的传说》(1994)。岩手县盛冈市三石神社境内,并排摆放着三块用稻草绳围起来的巨型花岗岩。据说此乃岩手山喷发时落下的三块巨石,古时被称作"三石大人",受百姓祭拜。传说昔日名为罗刹的鬼常侵扰本地百姓和行路之人,无奈之下乡亲们只好恳求三石大人驱鬼,结果三石大人发挥神力将鬼怪绑在大石之上,欲将其关进石头里。鬼哭着道歉,保证再也不做坏事,再也不来此地,作为证据在石头上留下手印逃到南昌山去了。"岩石上按手印"后来就成了"岩手","再也不来此地"就成了"不来方"这一名称的起源,乡亲们为庆祝击退恶鬼,在三石周围边喊"sansa、sansa"边跳,据说这就是"sansa 舞"的由来。

(15) 酒井静:《近世社会与霍乱》,载《疫病时代》,大修馆书店,1999。

(16) 田中聪:《江户的妖怪事件簿》,集英社,2007。根据注(9),也有人借用"虎列刺"三字。汤本豪一在《明治妖怪新闻》(柏书房,1999)中写到,锦绘新闻"读假名"1877 年(明治十年)9 月 21 日的版面中,明确告诉读者不存在该野兽,但还是画下了被称为"虎狼狸"的貌如老虎、形似狸猫的野兽。可以说这些图正是将霍乱恐怖图像化的产物。

(17) 高桥敏:《幕末狂乱 霍乱来了!》,朝日选书,2005。

(18) 关于《藤冈屋日记》,参铃木棠三、小池章太郎编《近世平民生活史料 藤冈屋日记》,三一书房,安政五年(第 8 卷),1990,文久二年(第 10 卷),1991。

(19) 须田圭三等:《日本民俗文化资料集成》7,谷川健一责编,三一书房,1990。

（20）东乡隆：《病与妖怪——预言兽 Amabie 的原形》，集英社 international，2021，第 135、136 页。

（21）长野荣俊：《变化的 Amabie——从 2020 年的"疫病退散"思考》，载《历史地理教育》919，历史教育者协议会编辑发行，2021。

（22）汤本豪一：《日本的幻兽——未确认生物出现录》企划展解说图录，川崎市市民博物馆编辑发行，2004；《日本幻兽图说》，河出书房新社，2005。而江户后期有汉学素养的知识分子认为，预言兽是白泽等灵兽、瑞兽的翻版（请参见注［20］所列书目的第 34 页）。例如 1858 年（安政五年）霍乱流行之际，江户有人将白泽图放于枕旁以驱邪气（京都大学附属图书馆藏《安政午秋左右痢疾流行记（天寿堂版）》）。另外，所谓的"顷痢"即指霍乱。

（23）常光彻：《流行病与预言兽》，载《国立历史民俗博物馆研究报告》第 174 集，日本国立历史民俗博物馆，2012；《预言的妖怪》历博 booklet31，历史民俗博物馆振兴会，2016。

（24）平井隆太郎：《关于两三个特别的瓦板类型》，《Human relations》3 集，1995；《寻找瓦版之谜》，载《太阳 collection5 瓦板·报纸 江户·明治三百事件 I》，平凡社，1978。

（25）笹方政纪：《护身符信仰与人鱼的神效》，载东亚怪异学会编《怪异学的地平线》，临川书店，2018。

（26）《京都大学贵重资料 digital archives》，https：//rmda.kulib.kyot-u.acjp.。

（27）这里使用的并非表示传送的"送来"，而是"禀送"，此前未被注意。同其他预言兽资料一样，Amabie 虽无说明其容貌的文字，但作为出版方，也许是想表达瓦版源自肥后传至江户的口头信息吧。

（28）同注（21）。

（29）同注（16）（22）汤本著、注（21）、长野荣俊《预言兽 Amabiko·再考》（小松和彦编《妖怪文化研究最前线》，SERIKA 书房，2009）。

（30）长野荣俊：《预言兽 Amabiko 考——以"海彦"为线索》，《若越乡土研究》49—2，福井县乡土志恳谈会，2005。

（31）同注（29），《预言兽 Amabiko·再考》。

（32）长野荣俊口头发表《预言兽 Amabiko·再考》，"2020 年度日中妖怪研究论坛"，国际日本文化研究中心主办，2021 年 3 月 8 日。

（33）同注（16）（22）汤本著、注（21）（29）长野著、注（30）（32）。

（34）注（16）汤本所收的《妖怪"Amabie"的原形——从报道解谜》。

（35）同注（29）长野著。

（36）同注（22）汤本著、注（21）（32）长野著、注（23）。

（37）森铣三等编《日本庶民生活史料集成》第 15 卷，《都市风俗》，三一书房，1971。

（38）铃木正崇：《疫病与民间信仰—祭礼、Amabie、鼠冢》，载玄武岩、藤野阳平编《后新冠时代东亚新世界的国家、宗教、日常》，勉诚出版，2020。

（39）《怀溜诸屑》收藏品，国立历史民俗博物馆藏，H-1492-26-17。

（40）《恶病除之事》的图像及文献信息出自东京大学电子展示平台《捃拾帖》（https：//kunshuio. dlitc. u-tokyo. acjp/）。

（41）同注（15）。

（42）南和男：《维新前夜的江户百姓》，教育社，1980。

(43)《每日新闻》2020年6月15日晚报头版报道了《新冠肺炎"Amabie传说"流向全国各地　国难"预言兽"的帮手》及《江户与疫病—神社养成的预防感染的智慧》(《江户总镇守神田明神崇敬会机关志》74号，神田神社，2001)刊登照片。

(44) "瘟疫退散！预言鸟专栏：山梨县立博物馆"，http://www.museum.pref.yamanashi.jp/3rd_news/3rd_news_news200410.html.。

(45) 福原敏男：《雷鸟与避火》，载《增订图说　白山信仰》，白山比咩神社，2010。

(46) 斋藤月岑、东京大学史料编纂所编《斋藤月岑日记》七，岩波书店，2009。

(47) 歌月庵喜笑（小田切春江）：《名阳见闻图会》，服部良男、美术文化史研究会编，1987。

(48)《妖怪绘草纸　汤本豪一collection》，PIE International 出版社，2018。封面书签上写着"斋藤月岑笔　人面草纸　二之内"，因此很有可能存在第一册。

(49) 根据泷口正哉的提示。

(50) 月岑称之为"人面绘"，他于霍乱袭来的安政五年（1858年）七月三日的日记中称小网町名主的儿子来访，写到"人面绘书简筒板木，同人雕刻出来"，大概也在考虑发行人面绘吧。

(51) 富泽达三：《锦绘之力　幕末的时事锦绘与瓦版》，文生书院，2004。

(52) 高桥昌明：《定本　酒吞童子的诞生——另一种日本文化》，岩波书店，2020。

(53) 1154年三月，于紫野社（为平息平安京蔓延的疫病而设，现今宫神社内尚有疫神社）举办了"安乐花"活动。据《梁尘秘抄口传集》卷十四的记载，数十名儿童身穿半尻[㉑]，胸前佩

㉑　贵族儿童穿的前襟长、后襟短的服装。——译者注

羯鼓，如除夕驱鬼时的恶鬼（鱼口的贵德面，脖子上挂红穗），随风流伞来到神社，高喊"恶气"，跟着节拍狂舞，在神前转数圈。大概是将挂红穗的自身比作"恶气"（疫病），希望将其封在疫神社中吧（现在的鬼角色也是红衣）。

（54）以下参照注（21）以及注（29）长野著。

第三章

幕末霍乱的恐怖与妄想

高桥敏

序言

从新冠疫情到幕末霍乱

2020年原为东京奥运会、残奥会举办之年，然而全年都笼罩在新型冠状病毒肺炎的阴影之下。时至今日，我们依然处于这场袭击了全人类的灾难之中。面对如此情形，我们才知道现代文明社会是何等的无力、何等的毫无防备。

有史以来，每遭遇恐怖的传染病，人类就到了性命攸关之际。那里镌刻着人类和传染病痛苦斗争的历史。日本也经历了无数次同传染病抗争的苦难。当下，我们正在同新冠病毒进行着恶斗，此刻若回顾人们往昔的历史，是否对认识当前的局面有所启示呢？

1858年（安政五年），恐怖的"即死病"霍乱突然爆发，本文仔细探寻了其引发的历史事件，并从社会史的角度加以实证研究。美国密西西比号军舰停靠长崎后，船员携带的霍乱病毒向东蔓延，传染给了各地居民，死亡人数可谓史无前例。霍乱是极其恐怖的灾难，特别是医学尚不发达的幕末时期，形形色色、千奇百怪的荒诞之说，在人们的胡思乱想下愈演愈烈。日常生活极度混乱，为安心立命，各类消灾仪礼和咒术都成了救命稻草。

1853年（喜永六年），黑船震耳欲聋的一声炮响，打破了日本闭关锁国的祖宗之法，1854年亘古未有的大地震、大海啸等自然灾害，又给人以一种世界末日来临之感。安政五年，日本同欧美签订通商条约，开放门户，远东岛国被迫卷入了世界史的激流当中。曾被视为夷狄，不得直视的"异类"，公然踏入了"神佛之国"日本的土地。此时恰好霍乱来袭，因此也被当作了异国的非法之徒。特别是伊豆、骏河等地，人们亲眼看到了黑船，于是妄想霍乱乃外国船只载来的管狐、美国狐、千年鼹鼠、英国疫兔等所为。当时，人们涌向远在武州秩父的三峰山，企图借狼御犬的灵力制服这些妖怪。

分析霍乱暴动的视点

霍乱之所以能成为世界史成立以及近代诞生的极为重要的幕后推手，同这一传染病的威力不无关系。（见市雅俊《霍乱的世界史》）

（一）感染后的致死率在19世纪明显高于其他传染病；

（二）从发病到死亡极为迅速，故称"即死病""一日离"或"三日离"，令人万分恐惧；

（三）霍乱患者的症状不同。西欧称之为"青色恐怖"，日本则是长瘤、抽筋、黑瘪后死亡。

霍乱的这三个特点让人们在恐惧的驱使下陷入了无尽的妄想之中。人们为了逃离恐惧、消灾解厄，把各种咒术、宗教仪式都当作了救命稻草。我们姑且将此统称为"霍乱暴动"吧。为探明霍乱暴动的社会情况，首先要通过具体的实证研究弄清以下两点：一是人们面对的霍乱危机究竟是怎样一种状况；二是面对大施淫威的霍乱人们究竟采取了哪些对策。

由于篇幅有限，本章仅聚焦于骏河国富士郡大宫町（现富士宫市）的田野调查，把握安政五年霍乱暴动的经过和实情，试析人们对于霍乱的恐惧和妄想。

大宫町位于灵峰富士山的南麓，以富士山为神体的富士浅间大社，其总院就坐落于此，这一登山参拜口门前的小城便因此繁荣。此外，该地还是东海道通往甲斐、信浓的物流通道甲州路上的重要节点。町产值超1494石（《元禄乡帐》），由18个町（《骏国杂志》）组成，受浅见大社和韭山代官共同管理。本次分析的史料为横关家第九代主人弥兵卫留下的《袖日记》，横关家自1660年起于大宫町的神田町经营酒厂，取名为"枡弥"。"袖日记"原指于文书旁记录的私人日记，与官方记录相对，记载的是身旁琐事，故弥兵卫才将其谦称为《袖日记》。因其不拘泥于形式和体例，反倒更接近真实，更值得信赖。现存的九卷本从1843年农历九月一日到1863年横跨20年，几乎相当于整个幕末时期。顺便提一下，安政五年，弥兵卫39岁，正值年轻力壮，妻子31岁，长子12岁，长女9岁，次女6岁，另外还有佣人6男1女，帮忙打理店铺。

一 霍乱流行之始

霍乱的消息

1858年农历五月二十一日，美国军舰密西西比号靠港长崎，霍乱始起。《袖日记》七月十六日条称，"昨日近郊患病者众多"，三天后的十九日自东海道吉原宿传来的消息中首现"三日离"的病名。

> 十七日前后，时节不正，近村急病流行，庶民居多。
> 传闻吉原宿流行三日离之症。

"酷暑，当年第一暑也，夜里如蒸""地板如火，实难落座，长夜难眠之大暑也"，1858年夏，多日持续酷暑。《袖日记》的作者横关弥兵卫，从近至中比奈村的龙卷风、远至越中国立山的山崩等消息中，产生了"当年天地水多"的不祥预感。此外，政局亦不安定。故七月十三日又记下了有关将军家定去世的流言蜚语。

> 江户宅邸暴动。

第三章　幕末霍乱的恐怖与妄想

传言将军大人六日驾鹤西去。

有人谋反，故遭毒害，各类谣言，莫衷一是。

霍乱直逼大宫町

霍乱好似要击败政局不安的谣言，直逼弥兵卫居住的大宫町。七月二十日迁至吉原的"糀屋甚兵卫之子善二郎死亡"，二十一日"吉原附近流行暴泻病，自十七日起已有四十五人离世"，东海道吉原宿接二连三有人因急性呕吐和腹泻命丧黄泉。七月二十四日从吉原宿及周边村落陆续传来有关霍乱流行及病症的消息，大宫町也出现了死亡病例。

吉原宿昨日十三家办丧事，岩本、久泽、入山濑周边昨日九家办丧事，皆因暑气怪病，不久自觉心口憋闷、上吐下泻，手脚抽筋而死。因周身发黑，多以为热病。真乃怪病也。

近来急病陡增，各村丧事不断，人称此病为"一时杀冒暑"，又称"痼瘝痢"。

二十日吉原　田中锄禾时倒地身亡。

二十一日富士川　船夫撑篙时倒地身亡。

町内此病人为最初者。

町内浅屋千惠殿下前往三岛宿探望病人，感染类病离世，今日乘驾笼而来，明日葬礼，流行暴泄病。

加岛称之为"两日离"。

吉原宿多病死者。

霍乱从长崎东上袭击了东海道各宿，又自吉原宿北上直逼大宫町。或许是想了解死者的数量吧，作者对丧事给予了特别关注。另外根据死者的症状，各地对霍乱的称呼也有所不同，如"热病""怪病""一时杀""三日离、二日离""暴泻病"等，这也反映了人们的狼狈不堪和混乱不安。其后大宫町内的三岛宿也出现了病死者。八月三日来势汹汹的霍乱让世间陷入了无比凄惨的境地。

吉原至东海道松原，乞讨者尸体遍地，由于无暇处理，狐狸撕咬腐肉，臭气熏天，悲凉之景，令往来行人无不叹息。仅吉原宿死者便达三百一十八人，算上加岛乡自上月下旬因流行病死亡的人数则高达一千六百人，人们皆称此病乃狐狸附体。

在东海道松原，流浪乞讨人员死后无人处理，就成了狐狸的食物，加之高温，尸臭刺鼻，到了晚上，恍如异界，尤显阴森凄凉。于是人们想到了狐、狼、狸。吉原宿的死者为三百一十八人，包括加乡岛则高达一千六百人，这一数字令人生畏。于是有关"狐狸附身"的妄想便开始了。

八月五日大宫町死亡五十一人，其中"御料所（幕府管辖区）二十六人、社领（富士浅间大社管辖区）二十五人"，十三日死亡一百一十八人，均被详记在册。这日吉原宿的死者也有详细记录，为二百二十三人，接近大宫町的两倍。

第三章　幕末霍乱的恐怖与妄想

医药治疗

霍乱从发病到要命只需两三天时间，此时人们最先想到的当然是求医问药。七月二十七日"各村町渡劫休假"时，町官找出了 1733 年代官柴村藤三郎主政时，望月三英、丹羽正伯紧急开出的药单，"时疫流行时，服用此药，可避此难"，并将其告知于城内百姓。

一、黑豆煎服
二、桑叶亦可
三、蘘荷根亦可

百年前的处方笺，其功效当然令人怀疑。于是人们纷纷求取灵药，各种信息鱼龙混杂。八月三日，又传来了韭山代官方面的信息。

韭山肥田大人方剂，名曰怀中药
山查子一钱　母菊花五分
藿香五分　木香三分
甘草六厘　茴香五分
此六味药为一剂
对本次疫病有效

"韭山肥田大人"即韭山代官江川龙英的侍医，因实行种痘而广为人知的西医肥田春安。

八月五日又记道，一名医因富士川发水逗留于吉原宿时传授药方。

> 此次名医因大水滞留吉原，舍此良方，常服则病不生
> 苍术　桔梗　厚朴　当归　川芎　陈皮
> 白芷　半夏　枳壳　白芍　茯苓　肉桂
> 干姜　共十三味　各五分
> 麻黄　甘草三分
> 上述十五味药加入生姜、葱白煎服

然而，费力寻来的救命稻草，终究是未遂人愿，霍乱还是来到了身边，冥界的大门越开越大了。

二　死的恐惧和妄想

管狐的妄想

霍乱引发骚动后，城市和乡村的日常生活陷入瘫痪。为驱走霍乱，人们求神拜佛，各种宗教、民俗方法、咒术都成了救命稻草。为摆脱即死病带来的恐怖，巡回念佛、单向念佛、送神、大日如来曼陀罗开龛、昼夜放炮、祭道祖神、重过正月等消灾仪式纷纷登场。

第三章　幕末霍乱的恐怖与妄想

八月三日，因霍乱症状而起的狐狸附身之谣言，带着些许实感迷惑住了百姓。根据弥兵卫的记载，八月六日晚，封城驱除霍乱的念经活动因下雨于酒店举行，其后他又记下了中宿町金藏的怪事。金藏的母亲因霍乱去世，他处理完后事，于町内回谢四邻，结果突然发病，晚上就一命呜呼了。

> 今夜聚于中宿，众人以为，金藏之死状过于不可思议，唯有狐精所为，故欲登三峰山请神犬，同神田丁、神田桥、山道商议，众人同意，村民代表于明早启程。

大概是金藏的死过于不可思议吧，人们才妄断此乃狐狸所为。众人商议后决定前去三峰山拜请驱狐神犬，并于明早启程。之后又发生了一件让狐狸附身听上去更加真实的事儿。

> 近日青柳町山本屋之女主人向神龛供奉明灯时，两次熄灭，欲再点灯，忽然侧腹剧痛，拱起一包，心想莫非狐狸所为，于是来到屋外，近邻聚拢，揉其患处，痛即止，向阿幸地数马大人询问此事，被告知此乃狐狸所为，尚藏于股边，切不可大意。

人们从侧腹忽然疼痛，长出大包等症状，妄称此乃狐狸进入体内所致。当然，能进入人体的狐狸绝非普通狐狸。这种微小的动物人眼看不见，能顺着极细的管道进入人体，

图1 管狐，出自三好想山《想山著闻奇集》

最后将人折磨致死，故被称为"管狐"。这一传说在人们的妄想之下死灰复燃并四处传播，甚至还有人称目击了看不见的管狐。

> 东町人下行路过高原时见七只管狐朝岩本方向跑去，据说此乃地熊也。

这则奇怪的消息称，有人目击了七只肉眼看不到的管狐，还附有地熊之别称，可见妄想之程度愈加严重了。

同"异"的结合

到了八月七日，管狐传言变成了指定某一病人的形式。

> 人称本轮"一日离"之急病乃管狐所为（中略）。
> 西新町江户屋仪兵卫之婿昨日死亡，今日举行葬礼，此人患时节之病，被管狐附身，不慎走嘴道，折

磨死石上源右卫门后，我便去神田桥大和屋，于是人们速去大和屋通风报信。

江户屋仪兵卫的女婿，大概是临死前烧糊涂了，于是顺嘴说道，等我折磨死石上源右卫门，就去神田桥的大和屋，故人们断定他一定是被管狐附身了。人们通知被指名的大和屋，也说明了妄想被当作事实，异常之态彻底失控了。"异"预示着万物更新，也让世间陷入不安。八月十日，管狐同"异"结合，由管狐妄想出来的异形怪兽诞生了。

根方川尻村捕获怪兽一只。
身大如猫，马面，体有绒毛，足若婴儿。
据说蒲原宿亦捉到上述怪兽，乃千年鼹鼠。
传言异国刺探化作僧人以船载数千只狐，放于海边，三岛宿曾捕获一名僧人。

根方地区的川尻村（富士市川尻）捕获一只怪兽。大小如猫，脸如马，体有胎毛，脚同婴儿。据说在东海道蒲原宿也抓到了一只千年的鼹鼠精。另外坊间还有一种说法，即外国的间谍化装成僧人，偷偷用船运来了数千只狐狸，并在海边释放（这个狐狸附于人身，传播霍乱）。

当时，伊豆下田已经开港，且设有美国领事馆，外国船只随便进出，另外俄罗斯的新式舰艇狄安娜号因遭遇安政大地震引发的海啸船体受损，在返航的途中由于风大浪急沉没于骏河湾的一本松洋面。滞留于户田村（沼津市）

图2 登陆户田的普提雅廷,《地震之记》,沼津市明治史料馆藏

的普提雅廷及船员们,动员造船工匠,建造归国船只。外国船、外国人同邪教徒混在一起,于是又产生了间谍僧释放狐狸、怪兽、千年鼹鼠等怪兽的谣言。

八月十三日,宗高村(富士市富士冈)一挖白薯村民称在川尻村看到了怪兽,由于该消息直接出自他口,因此较为详细。

> 桑崎米店之子请三峰山神犬归来途中,川尻村有亲属生病,欲借神符震慑,穿过川尻村时,草丛中窜出一只怪兽,年轻人围拢过去将其打死。该兽大小如猫,面部如狐,然头顶至鼻尖有一白筋,体有黑毛,脚似猴,底部柔软,非陆行之物。此兽受神犬之威所慑,显露原形,不知其名,人猜为异国之狐,亦有人

称其为地熊,按吉田之说,实为千年鼹鼠,食之味美。

此怪兽被三峰山神犬之威所慑,落荒而逃时被人捕杀。从外形及其他方面来看,有人认为是地熊,而名为吉田的博学之人(大概是吉田神社的相关人士)认定此乃千年鼹鼠。这一传言和管狐合体后,"异"的色彩更浓了。

此次所谓管狐者实乃地熊也,传闻此兽无齿,唯掘新坟吃腐尸为生。
同为上者之言,于伊豆下田靠港之异国船,取出形如衣柜之小箱,交于日本江湖术士,有人目睹此事。
人称于矢仓泽、沼津各捕一名江湖术士。

这里管狐变成了地熊、千年鼹鼠,经伊豆下田港的外国船只,被装入小箱后交给了日本的江湖术士。大概是有人看到下田港卸货的场面,才捏造了这一谣言吧。不过这一妄想中,僧人变成了江湖术士,甚至还有人称在东海道沼津,以及从这儿通往江户的矢仓泽逮到了江湖术士。于是谣言愈发恐怖,怪兽以及它们散播的即死病霍乱,甚至变成了外国人以及充当其帮凶的江湖术士侵吞日本的手段。

八月晦日,霍乱肆虐的江户因将军的继承问题和通商条约的批准愈加混乱,于是美国狐和"怪异"你方唱罢我登场,管狐、千年鼹鼠之后,流言蜚语的主角又变成了英国释放的"疫兔"。

鲶鱼之怒：日本大众文化中的天灾·疫病·怪异

六日江尻之人从江户归来，称前几日英国向幕府献大船以作通商修好之纪念，因试船之大炮，故发文通知江户百姓闻响声切勿惊慌。然夜半时分英国船不知所向，唯留所献之船，经查发现英国人脱下衣物，扔在船中，此事甚为奇怪，七月下旬众议。据说有人曾见此船载外国疫兔，抵日本后释放，船员则逃之夭夭。

英国献给将军的大船，即为签订日英修好通商条约，访日特使代表维多利亚女王向将军赠送的帝王号蒸汽船（即后来的蟠龙丸）。据说英国人将散播霍乱的疫兔封在其中，运抵日本后全部放了出来。随着英国的皇帝王号军舰到达日本，美国狐、千年鼹鼠又变成了英国疫兔。

图3 皇帝号蒸汽船（后为幕府的军舰蟠龙丸，再后来成为海军军舰雷电），照片提供：船舶科学馆

104

三　管狐对三峰山神犬

驱除恶疫的种种仪礼

霍乱从发病到死亡的时间由三天向两天，甚至向一天缩减的过程中，人们的内心受到了双重夹击，一重来自对死亡的极度恐惧，另一重来自对医疗无效的绝望，人们只能将原因归结为不可思议的附身现象。于是管狐说愈演愈烈，同"异"结合后，人们的妄想更是升级为千年鼹鼠和英国疫兔。人们为驱除怪兽，还常常集思广益，共同行动。

霍乱流行期间，横关弥兵卫居住的大宫町曾绞尽脑汁举行了各种各样的消灾驱邪仪式。稍晚于东海道宿村，七月二十七日大宫町也出现了死亡病例，当晚日莲宗[①]信徒便举行了巡回念佛（南无妙法莲华经），自此各种仪式陆续登场。次日（二十八日）北山本门寺又举行了灵宝曼陀罗开龛仪式。

> 前日，北山本门寺灵宝曼陀罗应田畑村之请开龛，因该村无一人得病，故今日厚原村亦来拜请，至立宿本光寺时，求大宫信徒，驾临立宿新町附近，展示灵宝于众人，傍晚又至神田桥，其后返回重须。

[①] 日莲宗是日本佛教的主要宗派之一，由日莲创立。日莲基于《妙法莲华经》，确立了唱念"南无妙法莲华经"的修行。——译者注

该地同日莲渊源极深，故不能忽略日莲宗的影响。面对千年鼹鼠和英国疫兔的来袭，日莲宗富士五山之一的重须乡北山本门寺本尊日莲亲笔所绘的十界曼荼罗曾下山开龛。结果田畑村无一人患病。人们希望借用有宗祖日莲灵力的曼陀罗驱除霍乱。

二十九日为小晦日，町内举行送神消灾仪式。

> 今日西町送神，请村山法印二人，做万全准备，入夜后，以灯笼送神。

这次送神仪式请的是富士信仰的代表神社——村山浅间神社的修行者，求他们将疫病送至町外。

八月一日"町附近昼夜放祈愿大炮"，人们通过放炮来驱除恶疫。二日町内全员参拜浅间大社后，关闭城门于三处来回念经，四日于西新町待日出，围细竹绳，夜里"各户门前燃篝火""一侧念南无妙法莲华经，另一侧念南无阿弥陀佛"，莲华经联手阿弥陀佛，真可谓寺院信徒齐上阵，只为抵御恶疫情。尽管曼陀罗、送神、封城念经念佛等办法均被搬出来驱病，但霍乱之势有增无减，八月五日死者达五十一人。八月六日居住于中宿的好友金藏也当日骤亡。在恐怖的驱使下，人们都觉得此乃管狐附体所致，神田、中宿、神田桥、山道四町一致认为，非去秩父三峰山请神犬不可了。

第三章　幕末霍乱的恐怖与妄想

三峰山拜请神犬

七日一早，四町的代表共四人起身赶往武州秩父三峰山。路费及其他费用共计八两，各町请一只，共四只神犬。虽霍乱乃管狐所为已成定论，但这天还是重过了正月，修缮了道祖神的宫殿。

顺便说一下，三峰神社的起源可追溯至日本武尊[②]的东征传说，为武尊带路的狼后来成为神犬使者受人祭拜，原本保佑武运长久、五谷丰登，后又被赋予了防止盗贼、免遭意外的灵力。因为祭神的使者是一匹狼，故人们希望它可以驱走狐狸等"害人的野兽"。

根据三峰神社的官方记录《日鉴》，安政五年八月起，

[②] 日本古代传说中的英雄，《古事记》中又称"倭建命"。——译者注

图4　三峰山，照片提供者：八木洋行

来自骏州、豆州、甲州各町村拜请神犬的登山者人数陡增。十五日"代人参拜者日渐增多,东海道地区,江户芝口,拜求神犬以驱怪病者尤众",为了驱走霍乱,从东海道或江户地区一下子来了许多替人登山拜请神犬者。八月二十四日借出的使者神犬"番数"(借出总数)高达一万。"即死病霍乱让武州秩父三峰山热闹非凡"。

八月十日,前去武州秩父三峰山拜借神犬的一行人归町之时,四町各派两三人至宫原迎接。途中自万野原火打道进入大宫町,晚上借宿氏神若之宫,"选无秽之人"斋戒祈祷。

然而,拜借对付管狐的神犬,并不像大宫町百姓想得那么简单。三峰神社还制定了许多信仰上的条条框框。

> 今晚赴武州三峰者归町,本欲借神犬之真身,神社却称其与真身无异。若有疑心,则实难出借,神社仅一间,信者千家,造酒不卖,只供参拜之人,借神犬者百五十国……当年伊豆、骏河两国借神犬者尤甚。

大宫町的代表原以为所求之物乃驱散管狐的真犬,但对方却告知护符和真犬并无二致,心若不诚则不出借,于是代表们只拿到了画有神犬的护符。小心包裹的护符,由于供奉它的神宫尚未修好,只能暂存氏神若之宫。八月十三日临时神宫落成,于是挑选清净无垢之人将其从若之宫移送了过来。

三峰山交予四町代表的请神犬承诺书

三峰山拜借神犬之规

神使拜借指南

一　迎接神使，途中应投宿清洁无秽之家。

二　归村时，即刻另生清净之火，尤其深夜归宅时应备好洁净之米。

三　所请神符应诚心供奉于所在地之神庙，或于清净之地所设之神宫，或用茅草所饰之宝殿，严禁污秽之人、女人进入。

四　每月十九日晚、二十日为信徒参拜之日，应待日出，信徒中一人吃素斋戒，生新火，燃供品，外人不可食其残羹，切不可以新火点烟，万一有不祥之物，则供奉清净之米。女人绝不可以参与其中。

五　勿于稻荷神社附近迎接神灵。

六　返还神符一事，某某月日前不必归还，某某月日后不必说自当返还。

请诚心恪守上文，另可用言语传授，以上。

月　　日

武州三峰山

神符处　工作人员

想让神佛显灵就必须得神圣，为了神圣就必须区分圣与俗。为了请神犬驱走管狐，就必须创造一种与俗世隔绝的环境。忌死秽，要单独起火，要吃斋念佛，要营造宝殿，严谨触及污秽和女性，供品单用新锅等，诸多规定，极其严格。接神之地应远离稻荷神社，这大概是忌讳稻荷神的狐神使者吧。或许是栈房、村仓等无法满足上述规定，于是临时将场地更换至土桥。在此期间，神符则保管于町内的宝殿。

人们忙着拜请神犬，供奉神符之时，霍乱的势头却只增不减，"大宫町病死者百十八人"，是五日（五十一人）的两倍还多。

八月十九日，按规定为敬奉供品之日。

> 今夕，三峰山祭日焚火以奉洁净之供物，待日出。

不知为什么此后有关三峰山神犬的记录却日渐稀少。唯八月二十九日记道，有人怀疑其效，结果遭受神罚一事。

> 江尻有人拜请三峰山神犬，因疑其灵力遭受神罚。兴津名主因怀疑津岛天王绝气身亡。

霍乱可不怕神罚，其来势愈加凶猛，人们不得不怀疑三峰山神犬以及津岛大社牛头天王的驱疫灵力。结果驱疫未能如愿，人们唯有等它离去了。

图5 富士宫市的信徒团体向三峰神社供奉的灯笼,笔者拍摄

巨型都市江户的霍乱

几乎在同一时期,霍乱也袭击了拥有百万人口的大都市江户,最后就让我们看一看江户的霍乱情况吧。

在死者激增的江户,不管白天黑夜,出殡的队伍常把大街小巷堵得水泄不通,数以万计的寺庙门庭若市,火葬场里的棺椁堆积如山,到处都是死尸的臭味(《安政午秋顷痢流行记》)。

"哼,休想把我吓倒!"江户子就有这种韧劲儿,不仅如此,他们还反过来调侃起了霍乱(《安政流行物反故张》)。霍乱暴动并没有让所有的江户人都陷入水深火热之中。有些人被疫情抛弃了,也有些人因疫情发财了。人们将此明暗两面制成了"最忙和最闲排行榜",将霍乱

鲶鱼之怒：日本大众文化中的天灾·疫病·怪异

③ 川柳是由十七个假名组成表达诙谐、讽刺的诗歌形式。——译者注

暴动写入了川柳③，创作了快把霍乱送走的打油诗《厄除狂歌集》。此外，人们还模仿三十六歌仙和百人一首的名歌，戏咏了百万都市江户的惨状。更有甚者还出现了要求从美国军舰跑出来的霍乱滚回"美国去"的保证书！

对于从疫病的悲惨中死里逃生的人们来说，等待他们的还有生活的艰辛。即便如此，它依然向我们传递了战胜突发灾难的胆量和无穷无尽的能量。

结语

最后让我们整理一下居住于大宫町、经营酒厂的枡弥弥兵卫记录的霍乱暴动。弥兵卫在《袖日记》中所记的霍乱骚动，从安政五年七月十六日至十月十九日，跨时三个月，直接记述霍乱的天数为 27 天。

其中，最引人注目的是霍乱流行蔓延时，描写人们的恐惧和妄想的部分。最初的"急病暴泻"，由于症状奇怪、如被附身，成了"怪病"，明确为三日、两日、一日便"暴毙而亡"的即死病后，大量的死亡病例更让人们惴惴不安。医生和药物都靠不住，被舍弃的人们因过分恐惧，陷入了胡思乱想，妄称霍乱乃管狐所为。黑船携至长崎的霍乱和安政五年幕府同英美签订通商条款一事重合后，管狐又变成了美国狐、英国疫兔，结果谣言愈演愈烈，达到了顶峰。那么，面对霍乱引发的恐惧和妄想，人们究竟是

第三章　幕末霍乱的恐怖与妄想

怎样应对的呢？

尚未判明霍乱的初期，或向日莲宗的念经团提供住宿，或全体町民前往浅间大社参拜，人们的行动基本还在以往的消灾信仰体系之内。然而，得知此乃感染就要命的即死病，尤其是近旁有人因此丧命时，人们才意识到该病绝非一般的消灾方法所能奏效，于是如北山本门寺的曼陀罗、村山的大日如来开龛、村山法印的送神、全町的祈愿大炮、重过正月、鬼子母神开眼，甚至为了谋求更强的灵力，登三峰山拜请神犬等消灾活动纷纷登场了。

当人用尽消灾之法，疲惫不堪时，霍乱却留下一片狼藉悄然离去了。霍乱这个劫难，别想着彻底去根除，只能盼它尽早过去。

自此弥兵卫和大宫町的霍乱暴动总算告一段落。十月十日至十四日的五天四晚，弥兵卫前往平日笃信的日莲宗总院身延山参拜修行后，感觉身心无恙，总算回到了日常状态。

随着近代医学的飞速发展，传染病霍乱终被制服，安政五年的霍乱暴动也成了随风往事。不过未知的传染病依然不断来袭，难以预测。163 年后的 2021 年，我们又遭受了新冠肺炎的蹂躏，活在了一个充满不安、恐惧、紧张的自慎社会之中。

基础资料

《袖日记》，静冈县富士宫市大宫町，横关乃彦藏。
《日鉴》（安政五年），埼玉县秩父市大泷，三峰神社藏。

《安政午秋顷痢流行记》，日本国立历史民俗博物馆藏。

《安政流行物反故张》，日本国立历史民俗博物馆藏。

参考文献

山本俊一：《日本霍乱史》，东京大学出版会，1982。

昼田源四郎：《疫病与狐狸附身——近世庶民的医疗状况》，MISUZU 书房，1985。

见市雅俊：《霍乱的世界史》，晶文社，1994。

《静冈县史 别编一 民俗文化史》，静冈县，1995。

高桥敏：《幕末民众的信息与世直意识的形成——"编年史"的民俗学》，《静冈县史研究》2 号，1986。

高桥敏：《幕末维新时期民众的"异"意识》，载樱井德太郎编《日本社会的变革与再生》，弘文堂，1988。

高桥敏：《黑船、狼烟、狼粪——纪州藩有田郡山保田组各村的拾狼粪》，载"古代国家与狼烟"研讨会，宇都宫市执行委员会、平川南、铃木靖民编《烽火之道——古代国家的通信系统》，青木书店，1997。

高桥敏：《安政五年的霍乱和吉田神社的迎神——骏州骏东郡下香贯村、深良村的霍乱暴动》，《国立历史民俗博物馆研究报告》第 109 集，2004。

高桥敏：《幕末狂乱 霍乱来了!》，朝日选书，2005，2020 年 12 月改为《江户的霍乱骚动》，于角川 Sophia 文库再版。

第四章

送风神！——编织故事的另一个世界

高冈弘幸

一 都市记忆与古典落语

《送风神》

昔日，上方落语①中有一则名为《送风神》的故事。

> 町内流行重感冒，百姓一筹莫展，年轻人决定举办送风神活动，于是制作奉贺帐②，在町内四处筹钱。有些人家出的钱多，有些人家出的钱少……
> 剩下的几户迅速转完后，大家聚到空房子里，有人买来竹子，有人买来稻草，最后糊上纸，一个奇怪的人偶便出现了，脸稍微画一下即可。接着，有人买酒，有人买年糕，设立祭坛，摆放人偶，献上祭品，祈求风神退去。黄昏时分，（年轻人）聚在一起，敲锣打鼓，弹三味线，将其送入河中。前方抬着人偶，众人跟在后面。
> "送风神啦（演奏声）送风神啦（哐啷哐、哐

① 落语是日本传统的说话艺术，相当于中国的单口相声。落语一般分为关东和关西两大流派，关东的落语被称为"江户落语"，关西的落语被称为"上方落语"。——译者注

② 举办传统活动前，向居民筹集活动经费的一种方式。——译者注

哐)。送风神啦（哐嘟哐、哐哐）……送风神啦……"

众人来到河边，从桥的栏杆处，啪的一声将其推入水中，然后头也不回作鸟兽散了。

那天晚上，有人在下游撒网捕鱼。船上一个男人高喊："船老大，等、等等。快帮我一下，这一网可真沉，好像挂上了什么重物……不是鱼啊。难道是垃圾？这网……啊！啊！拉不动啊。快帮我一下，帮我一下！"

用力拉上来一看，竟是纸糊的风神。也许是众人所愿，人偶有了灵魂，网中浑身是泥的人偶……站了起来。

男："啊，妖怪啊。你是谁？"

神："我乃风神！"

男："啊，就这么钻了我的夜网（弱身 = 空子）③啊！"(1)

③ 此处为文字游戏，日语中的"夜网"与"弱身"发音相通，而"弱身に付け込む"为乘虚而入，即钻空子之意，即风邪乘虚而入。——译者注

对于这个让人似懂非懂的奇妙故事，上方落语界的泰斗桂米朝如下解释道：

该故事的主题为"送风神"，当人们完全不了解这一风俗时，此落语自然也就失去了意义。

据说大正时期还有人表演该剧，但昭和以后就没人演了，昭和四十二年我令其死而复生，现在偶尔拿出来演一下，或许较为罕见吧，还挺受欢迎。(2)

既然能成为落语的题材，就说明在大正时代前，送风神这一习俗尽人皆知。但如今的我们却对其一无所知。故笔者试着对此习俗做简单概述。

送疫神

这里所说的"风神"，是指招致感冒（即流感）的疫神。人们相信若将此灾厄之神从自己居住的领域驱离，便可治疗或预防感冒，因此举行该仪式。顺便提一下，该落语的笑点就在于"乘虚而入是风神"这句谚语。

除了"风神"，还有各种招致疫病的疫神，故各地都会举行送疫神仪式（如今有些地方还将其作为每年的例行活动），东京和大阪等大都市，以江户为鼎盛，一直持续到了明治时代初期。通过该落语我们便可窥见消失于百年前的大阪习俗了。

这里援引一则江户时期大阪送风神的记录。

晓钟成将1801年（享和元年）至1812年（文化九年）间的奇闻异事记录成册，取名为《近来见闻　物语之笛》，其中有下面这段文字：

> 同年（享和二年——引者注）三月上旬，大阪市内风邪盛行，无人不烦恼。故各町制作风神玩偶，每至夜晚送入河中。所作玩偶各不相同，有鬼怪，有狐狸，有和藤内，有鬼念佛，还有法界坊，每晚敲钟打鼓吹螺号，热闹非凡，真可谓奇事一桩。[3]（以下省略）

图1 《送风神》，出自井原西鹤《好色二代男》

　　落语中仅以稻草人代表风神，但这份资料中，象征风神的玩偶多种多样，令人惊叹。和藤内是近松门左卫门创作的《国性爷合战》中的出场人物，鬼念佛是大津绘的绘画主题，其形象为身穿法衣，背背雨伞，手拿奉加帐、钲鼓及钟槌的小鬼，据说它可以防止小儿夜啼。而法界坊是歌舞伎中的破戒僧人。

　　姑且不论玩偶的多样形象，通过《物语之笛》中的仪式可知，落语《送风神》乃当时的落语家（说话者）创作的小故事。

　　如此一来就产生了如下的问题，即本文的研究课题：《送风神》这一落语究竟因何而生呢？

　　这个问题听起来可能很奇怪。"因何而生？那当然是

第四章 送风神！——编织故事的另一个世界

因为送风神这一风俗有趣且搞笑喽！"

恐怕绝大多数读者都会如此断言吧。但，事实真是如此吗？我不敢妄下结论。这是因为，送风神的故事中也许还隐藏着落语家滑稽处理的元素，而我们尚未知晓。

故事诞生的现场

为解答这一问题，我们该以怎样的视角切入呢？

正如"鳗鱼鳗鱼抓鳗鱼，春团治踱步舞台，山楂落满地"（正冈容）所写，目前为止有关落语的研究多以剧场为中心，要么就是对落语演员进行评论。至于其他学术上的研究，首推关山和夫，他对中世讲经（师）至近世落语（家）在演员和语言艺术上的变迁进行了细致的史学考察。[4] 其次，宇井无愁也探究了当今落语素材的源流。[5] 这些研究颇为有趣，在思考落语的本质上亦不可或缺，不过笔者在本章欲尝试一种史无前例的新方法，即到落语素材的现场去一探究竟。

从段子的内容来看，落语可分为两大类：一类如《馒头好可怕》，这类与时代、场所几乎无关，从某种意义上来说就是纯粹的搞笑故事；另一类则与此相反，如《送风神》，这类不仅精心描绘了某个特定时代的风俗，还详细交代了故事的发生地。

前者的故事很抽象，即使时过境迁，也容易流传下来（也可以认为这些故事从很早以前就于国内外流传至今），而后者却寸步不能离开叙述的场所，[6] 时代一变就难逃消亡的命运。按照故事研究者的说法，前者具有故事的属性，后者则具有传说的特质。

落语只是一则笑话，几乎没有民俗学家将其作为研究对象，但对于那些想要探究落语的诞生地，即京都、大阪、江户等都市的民俗学家来说，特别是具有传说性质的落语，是极其宝贵的研究资料。通过《送风神》一例便知，具有传说性质的落语是基于某一时代、某个场所发生的事件和人们的经历构建出来的。虽采用了笑话的形式，但其背后却隐藏着表演者和观众共同经历的某些事情。因此，对于奋力破解落语之谜的民俗学家来说，最重要的课题就是为什么这些"事件"和"经历"会变成落语（滑稽故事）？

接下来我所要尝试的，就是前往落语素材诞生的现场，去探究"送风神"这一事件或经历为何会被改编成落语。该故事与时代、场所联系得过于紧密，因此也曾遭遇消亡的危机，但将其还原至当初的时间和地点，我们便可理解它想要传达的含义。另外通过上述操作，早已被现代人遗忘的有关大阪这座城市的"记忆"也定会鲜活地浮现在我们的眼前。

需要注意的是，我们不像落语爱好者那样从故事中寻找风俗，而是探析风俗和事件转化成笑话的过程和缘由。通过这项工作，为触及"笑话"这项艺术的本质指明方向。

接下来，让我们来回溯一下"送风神"的表述思路，为准确把握下文的"事实"，虽有些兜圈子，请允许我先埋下几处伏笔。

二 送疫神的构造

女鬼上洛之谣言

首先，让我们看一则谣言。

距今 700 多年前，京城发生了一件怪事。兼好法师于《徒然草》第五十段中将此事记述如下：

> 应长年间，某人携女鬼自伊势国进京，二十余日间，京城白川一带众人争相看鬼。"昨日至西园寺""今日往上皇御所""此刻恰于某处"，诸如此类，众说纷纭。无人见到鬼，亦无人称之为谎言。上上下下下皆议鬼事。
>
> 彼时，我自东山前往安居院附近，四条北侧之人皆向北跑。众人叫嚷"一条室町有鬼"。自今出川望去，上皇之看台四周，已水泄不通。我亦觉此事绝非空穴来风，派人打探，然见鬼者竟无一人。黄昏时分喧闹依旧，甚有人争执，种种丑态令人惊愕。
>
> 当时，人多患病两三日，故有人称"鬼之戏言乃病之前兆也"。[7]

该故事说的是，一女子变鬼从伊势国来到京都。二十多天里人们四处奔走只为一睹女鬼真容，但没有一个人亲眼得见。最终，骚乱中甚至发生了口角。与此同时，疫病开始于世间流行。[8] 因此也有人说，女鬼的传言就是这场疫病的前兆。

关于这个故事，国文学者认为兼好以冷静透彻的眼光，精准刻画了谣言之下百姓东奔西窜的人性弱点。不过我之所以关注该故事，是因为它出色地记录了鬼和瘟疫的关系。即兼好法师所写的，有人认为见鬼谣言之所以流行是因为京城人无意间察觉到了瘟疫的流行。我们亦可从中得知"鬼致病"的想象力。

有人认为，鬼（ιo ni）的语源乃表示隐藏的"隐"（o n）。无法解释的事件以及疫病等灾难的发生，都被归咎于此邪恶之物，由于它伤人于无形之中，故被赋予"o ni"之名。《徒然草》中的故事就充分说明了这一点。

上述内容同人们的想象密切相关，这种想象正源自可见之物与不可见之物间的对比。也就是说，恶鬼横行的世界是肉眼无法看见的极其危险的世界。与肉眼可见的世界不同，它会随时随地突袭人们。因此，对于人们来说，最重要的是思考相应的防御之策，发挥各种想象力，让看不见的恶鬼看得见。如描绘外形怪异的恶鬼在病人家屋顶向内偷窥的《春日权现验记绘》[9]，描绘一群疫神的《融通念佛缘起》[10]等均是恶鬼（疫神）招致疫病这一主题下的典型作品。另外，宫廷追傩仪式中被驱赶的鬼怪（方相氏）也是可视化的代表。

如上所示，通过对疫神的可视化处理，既可明确疫病发生的原因，又方便控制疫神，是一种清晰地表现疫神被驱离的手段。

第四章 送风神！——编织故事的另一个世界

图2 《春日权现验记绘》，国立国会图书馆藏

控制疫神

前文所举的大阪送风神仪式以及民俗学收集的送疫神仪式，都是在这两种观念，特别是第二种观念下举行的。在此列举一些民俗学收集到的资料。

赞岐县高松市的"送伤寒坊"活动，一直延续至明治中期。世间若现伤寒（typhus）流行之兆，便制一稻草人，年轻人扛着它四处游街，边敲锣打鼓边喊"送伤寒坊"之口号，接着请僧人诵经，最后送入海

125

中。人们笃信这么做,病就不会来了(赞州高松丛志)。[11]

引发疾病的不速之客乃看不见的疫神,故人们发挥想象力制作了象征疫神的人偶,使其看得见,然后再从共同体中将其驱逐出去,进而平息瘟疫。换句话说,该仪式就是一种净化仪式,目的就是让受瘟疫污染的共同体重新焕发活力。

高松市的事例为我们展示了明治时代的风俗。按说西洋医学在当时已经相当普及,但民众亦有自己独特的医疗体系。与今日流行的通过烧香拜佛来消灾驱病相比,"送疫神"的仪式十分奇特,但丝毫不会令人觉得奇怪。

20世纪80年代,一则恶劣的谣言传播开来。当时,亚洲各国来日本打工的女性被称为"赴日姐",有人谣传就是她们,特别是从事风俗业的女性,将艾滋病毒带入了

图3 《融通念佛缘起》,日本国立国会图书馆藏

日本，因此日常生活中她们常被冷眼相待。2020年，新冠病毒来势汹汹，许多店铺拒绝"外地人"进店，不让"外地牌照"的车子停车，竖起禁止入内的标牌，继续营业的店铺也被迫贴上各种注意事项。其实这些做法也是对"疫神"的可视化处理，以及将其排除在共同体之外的手段。传染病人传人的形式破坏了我们赖以生存的"社会"，却激发了我们想象力中最深层的部分。

三　故事里的疫神

疫神报恩

通过上文所述的想象力，人们还创造了另一个东西，那就是关于疫神的神话（民间传说）。与绘画、仪礼不同，神话本身是看不见的，但在某种意义上也是将疫神可视化，即转换为可叙述的形式的应对之法，可以说这也是民众智慧的结晶。首先，让我们看一下香川县丸龟市牛岛地区的事例吧。

【例1】牛岛的五左卫门原为去大阪撑船之人。明天便是正月，但他还得干活，于桥下休息时，一个商人模样的人从桥上经过，欲借宿一晚。"如果不嫌弃的话"，他慨然应允。天刚刚亮，此人突然辞别。为何这么冷的时候走呢，五左卫门正觉奇怪，此人道：

"我无意隐瞒,立春之时人们会用豆子打我。这么喜庆的日子,我却不能待在住家周围,只得逃了出来。我乃恶神,可令人得热病。但我不会害你,而且还要报答你。"说完就走了。

某日,一名管家突然来访,说道:"我家老爷高烧不退,实在没法子了。他让我请您,说赞岐县牛岛的五左卫门一来,我的病就能好。"五左卫门进屋一看,上次借宿之人正坐老爷枕边,但其他人似乎看不见。此人说:"你来了,那我就回去了。他们给你多少钱,你就收多少钱!"五左卫门用手摸了摸这位老爷,结果热病神一走,他的病就好了,五左卫门受到了重谢。从此财运亨通,不仅成为大富翁,还登上了富豪榜。

五左卫门希望世代如此,直至海枯石烂,由于他欲壑难填,结果眼看着越来越穷,转眼间又一贫如洗了。(12)

传说中,除了例1这类口口相传的故事(口承),还有被记录在纸面上的故事(书承)。接下来,再举一江户时代的随笔集《谭海》中记录的故事。

【例2】将写有"同小川与惣右卫门于船上约定之事"的纸条贴于大门及各有门之处,该户疱疮患儿之病状即可减轻。这是因为,早前疱疮神乘船前往关东时,于桑名遭遇暴风,眼看船就要翻了,一个名为与惣右卫门的船夫出手相救，疱疮神甚为欣喜，作为谢礼，承诺只要写下船夫名字的人家，其子女的疱疮症状就会减轻。[13]

疱疮神（天花神）前往关东的途中，眼看所乘之船就要翻了，结果在小川与惣右卫门的帮助下获救，作为谢礼，他承诺只要将写有船夫名字的纸条贴在门上，孩子就能轻松渡过疱疮之灾。

面对来路不明的疫神，不仅不畏惧，反倒热情接待，因此得到恩典，逃过了瘟疫，获得了财富。在民俗学中，此类传说通常被归为"款待疫神"故事。

的确，乍一看这两例似乎都用了"疫神报恩"这一主题。但仔细观察，就会发现例1与例2有着本质上的不同。

例2只讲述了为疫神效力、受疫神恩典这一连串事情，但例1还描述了另外一件事，那就是五左卫门命运的浮沉。

通过牛岛的传说可知，如果共同体中出现了在其他成员看来不明所以的事情时，例如原本撑船之人突然变成了大富翁，为解释原因，让大家理解，特搬出了"款待疫神"的故事，即五左卫门有恩于疫神，在疫神的帮助下成了富翁的故事。

款待疫神之信仰

话说回来，疫神报恩这一主题，亦可见于《备后国风土记》的逸文中有关疫隈国社的记录。

【例3】北海武塔之神前往南海之神女儿处，曾向人借宿一夜。富裕的巨旦将来吝啬不借，但贫穷的苏民将来却爽快答应。于是，他让苏民的女儿戴上茅草圈留其性命，将巨旦的家人全部杀害。而后说道："吾乃速须佐雄之神。后世若有瘟疫，尔等便称苏民将来子孙，将茅草圈系于腰间，可免此灾难。"[14]

基于款待疫神故事的改编，民俗学者大岛建彦认为：

> 不言而喻，武塔之神即速须佐雄之神，是掌管恐怖瘟疫的神明。因此，各类款待疫神的传说都可以追溯至昔日的古风土记。或许更恰当的说法是，古老疫神祭祀的类型被后来的疫神和疱疮神信仰继承了下来。[15]（着重号为引用者添加）

上文我们关注的是催生出传说的契机事件，而大岛则侧重于促使事件转化为传说的信仰。换句话说，无论款待疫神传说在细节上有什么不同，其背后都有一个共同的信仰作支撑，即如果款待疫神，就会得到美好祝福。

如此看来，例2或许更接近款待疫神传说的最初形态。但也有可能是共同体内部发生了不明所以的怪事，一度被利用改编成例1的故事后，例1的传说又传到其他地方，或不知不觉间，某个人物和家族的盛衰被彻底遗忘时，又转变成了例2的故事。

另外，大岛所关注的款待疫神信仰，曾有相当程度的

第四章　送风神！——编织故事的另一个世界

真实性。除例 2 提到的小川与惣右卫门外，将"籠三八宿""苏民将来之子孙""钓舟清次御宿"等款待疫神的人名写于纸条之上贴于门口以避瘟疫的习俗，在近世史料与民俗调查的报告书中屡屡可见。且例 1 中，正因为疫神款待的信仰具有真实性才会被拿来解释怪事吧。无论多么微不足道的小事，只要和信仰结合便值得铭记。

最后，让我们来看看文政六年（1823 年）三月大阪流传的一则故事。

【例 4】同月　风神　怪异

近来风邪流行，大街小巷举办送风神活动，一人于幸町边拾取风神头颅，带回新町桥鸟源，以美酒佳肴供奉。一两日后，鱼市附近一陌生人前来找他。踏入此宅，一高烧病人向他行大礼，然后设宴款待，说是此前谢礼。两人素不相识，思来想去，乃风神附在此人身上报恩，归途得金子一枚，真奇闻也。(16)

故事讲述了盛大的送风神仪式结束后，一人拾得风神人偶的脑袋，并小心供奉。后来一陌生人唤他，跟去一看，结果受到了另一个陌生人（热病患者）的热情款待。仔细想来，大概是上次供奉的风神附在此人身上来报恩的吧。

驱除思想的笑谈化

一看便知，这与丸龟的例子极为相似。大城市与小地方，到底哪个是源哪个是流呢，这一传播问题颇为有趣，[17] 我们暂且不讨论此问题，这里需要特别注意的是，该传说似乎透露了落语《送风神》的后文。

也就是说，送风神仪式的部分被写成了落语（笑话），而后面的故事则变成了传说（谈资）。不过，为什么只有仪式的部分被创作成了落语呢？似乎这里就暗藏着落语《送风神》的创作秘密。

此外，还有一个问题必须得考虑，那就是疫神传说中展示了热情的招待，而送疫神仪式却表现了强制的驱除。这两种极端的思想看似矛盾，但做如下梳理后大概也不难理解。即疫神是处于入侵共同体之前还是通过仪礼将其送出共同体之后，换句话说，当疫神处于共同体外部，就会受到人们的款待，当它处于共同体内部，就会通过仪式被强制驱除。

不过，如此一来又产生了一个问题。虽说落语出自专业的艺人之手，但它仍属"送风神"这一传说。然而，该落语却没有其他传说中款待疫神的思想，只是细致描述了仪式前后的内容。按理说落语讲述的也是该仪式，应当集驱除与款待这两种极端思想于一身。而这一矛盾正是解开落语《送风神》诞生之谜的金钥匙。

四 故事中寄托的"心愿"

上方版《送风神》的特征

以送风神为题的落语（小笑话）有诸多版本（包括东京［江户］）。经大致浏览，把握了上方落语《送风神》的特征后，我们终于来到了考察阶段。

>　　昔日，风邪流行则要送风神。镇上每户出一人，将风神送至郊外。"送啊送啊送风神。""真舍不得您走啊！""谁在这胡说八道！"一经调查，原来是镇上的医生（药店）。[18]

这是流传至东京的一则小笑话，上方落语的表现方式则有所不同。上方喊"送风神"时有一定韵律，另外会敲锣打鼓，弹奏三弦，热闹非凡。

再比如，一浪人欲戏弄纸铺，说"我要买风神"，结果店家拿出扇子说这就是风神。店家让他结账，浪人却打趣道："风神的话，怎么也送（两三把）吧。"[4]诸如此类，运用谐韵打趣的故事十分常见，[19]但详细讲述仪礼及其前后情况的，却仅见于上方的《送风神》。那是不是大阪的送风神有某些特殊的状况或事情，对故事的诞生产生了决定性的影响呢？

④ 此处利用了日文纸和神同音（かみ），买"くれ"和送"おくれ"相似的谐韵。——译者注

近世大阪的送风神在某种意义上来说带有"玩"的成分，举办时热闹非凡，这一点对故事的诞生应该有所影响。

送风神，不应弹奏三味线
口头传达
昨六日，被唤至火消年番町天满桶之町会所，监察大人口传如下消息：
一、当时因风邪流行，市内各处唱送风神，敲钟打鼓来来往往。此事全为消灾除病，故无可厚非，但游郭之外，女子亦在其中，大肆吹拉弹唱，可恶至极，与砂持、正迁宫不同，毕竟为驱病送神之事，奏三味线有失大体，绝不可行上述之事。然并非严禁送神，若欲为之，用钟及大鼓，安稳送神便可。
（中略）
巳正月二十七日

火消年番
吴服町[20]

⑤ 为营造神社，信徒搬沙及后续活动。——译者注

送风神不同于砂持⑤、正迁宫等喜庆活动，而是祛病消灾的活动，理应悄然安静地进行。为此，1857年（安政四年）幕府颁布法令，谴责送风神活动无度。那么，这种喧嚣中的"乐"和"玩"是否直接决定了落语的内容呢？恐怕绝非仅限于此。仔细回想一下，落语中令人捧腹大笑的还要属年轻人四处筹钱的场景和结尾的部分，虽然

第四章 送风神！——编织故事的另一个世界

送风神被描绘得锣鼓喧天热闹非凡，但从始至终叙述都很直白。

站起来的风神人偶

年轻人四处筹钱的场景就算把舞台设定在江户亦无大碍，而人偶被推到河里直至结尾的部分才令我如鲠在喉。我总觉得人偶站起来的场面与以下资料中的"事件"有所重叠。

> 安永元年（1722——引者注）冬，世间风邪流行……因于大阪，故敲锣打鼓，以稻草人或付钱雇一非人，扮作风神将其送走，谓之送风神。因京都大阪习惯相通，故大阪亦雇非人，二三年轻男子合议后，敲锣打鼓，弹奏三弦，以送风神，青年们一时兴起，将其送至桥上，将上述扮作风神之非人从桥上推下，然后哄然大笑，各自回家去了。非人心想，虽花钱雇我扮风神，但雨少水浅之时，竟将我从桥上无情推下，真可恨之极。入夜后，非人回到送风神之各镇，叩打门环，人问来者为谁，便答刚才之风神归来也，给各户添烦，此乃京中之笑谈也。[21]（着重号为引用者添加）

该记录出自根岸镇卫所著的《耳袋》一书，虽已改编成笑话，却依然骇人听闻。演剧学者郡司正胜也认为该资料展现了送风神的真实一面,[22] 除此之外"非人"作为风神被推入河中一事,在《钟奇斋每日杂记》[23] 中亦有记载。

这个内容,我们绝不能一笑而过。无论《耳袋》中描写的事件与民俗学中大量的"送疫神"资料多么相似,但在用非人做替身这一点上,还是有明显的差异。

关于这一不容忽视且须慎重解释的"大事件",我将另辟篇幅[24] 进行考察。

很难说我们已经读透了其中奥义,但可以明确的是,我们在第二节中讨论的将疫神可视化的想象力,同将疫神与非人结合在一起的想象力,如麻绳般拧在了一起,结果引发了悲惨的,但实际上已经被近世大阪町人默许的行为。

如此看来,落语中站起来的"人偶",不正是这一残酷的表演中,被人们推下桥、在河中游泳的"非人"吗?

文初提到的《送风神》,是桂米朝根据开山鼻祖桂花团治[6]的笔记,参考诸位前辈老者的口述重编而成的作品。与此相对,桂花团治的口演速记[7]《风邪怪物》收录于1932年(昭和七年)发行的《新落语全集》,其内容如下。送风神仪式完成前的内容几乎无异,但结尾部分需要我们注意。

……将(人偶)从桥上扑通一声扔进河里,众人头也不回哄散而去。忽然一奇怪之物引人注意,只见

⑥ 桂花团治(1875—1942),上方的落语家,本名梅本八十二郎。——译者注

⑦ 用口语快速记录的落语、浪曲等。——译者注

第四章 送风神！——编织故事的另一个世界

风神人偶游了上来。[25]（以下省略，着重号为引用者添加）

怎么样？"人偶游泳"这一荒唐无稽的表述，因为是落语很容易被忽视吧，但根据《耳袋》的记录可知，这一骇人听闻的事情，只不过是换了一种表达方式，被编入了故事当中。

接下来，我们要深入研究一下故事的作者，即落语家。江户时代，从事表演艺术的人常遭受轻视，被差别对待。我们不能简单断言他们与扮作疫神被推下河的非人处于同一立场，但比起推人的一方，他们肯定靠近被推的一方。

如此说来，落语家和非人的同伴中，的确有人靠扮"风神"赚钱。这一情形在1690年（元禄三年）刊行的《人伦训蒙图录》[26]中便有记载，乞讨艺人中一人头戴恶鬼面具，手持令旗、勺子，另一人则头戴福神面具，敲着大鼓，正在表演驱赶风神。

活在疫神世界的人

由此可见，落语《送风神》为我们编织了这么一个世界，这里有一个假想的疫神以及一群从事与疫神相关职业的人。而这一世界与我们前文总结的，有一个和我们来自不同世界的疫神，通过款待疫神获得财富的世界是截然相反的。

也就是说，包含落语在内的疫神故事，可分为以下两类：

1. 想象一个与自己截然不同的疫神，站在这一立场（世界）上的人创作的故事。

2. 自己被（可以被）想象成疫神，站在这一立场（世界）上的人创作的故事。

即便如此，世界 2 编织的传说成为笑话（落语）一事，仍意味深长。表演艺术，特别是搞笑的表演艺术，正是由那些因地位卑微而很有可能被轻视和嘲笑的人们，即那些最熟悉社会最底层甚至不被当人看的阶层创造出来的。

近世中期以后创作的狂言《月见座头[8]》便是如此。

⑧ 座头指日本江户时代盲人按摩师与琵琶乐师的统称，属于社会底层职业群体。——译者注

> 月明之夜，座头赏虫鸣之时，一上京男子前来搭话，结果两人推杯换盏，意气相投。二人分别后，上京男子生戏谑之心，扮作他人折返，故意撞了座头，并厉声责骂，将其打倒后离去。座头道："此奴，与方才之人截然相反，乃无情之人也。"于是叹失明之孤独，作哭泣状落幕。[(27)]

恐怕您已猜出，作者对受害者座头并没有表现出丝毫的同情，而是将盲人所处的窘境如实地表现了出来。正如国文学者佐竹昭广所说，在狂言中，胆小者被嘲笑，老实人被欺骗，乡下人被愚弄，残疾人被戏耍，困难者受欺

第四章 送风神！——编织故事的另一个世界

凌。[28] 而其他的搞笑艺术亦是如此。作者始终冷静地描绘着真实的世界，即无论是多么弱小的人，都必须凭借自己的力量融入社会，无论如何都必须要活下去，这才是搞笑艺术的本质所在。

落语家站在了扮演疫神之人或从事与疫神相关职业之人一侧，将悲惨的"事件"以及难以愈合的伤痛寄情于落语，通过诙谐调侃的方式，保存在了都市记忆之中。

也就是说，被轻视被嘲笑的身体（＝哗众取宠的身体），同被当作疫神的身体重合时，落语《送风神》便诞生了。

图4 《风神》，出自《人伦训蒙图录》

139

结语

正如我们在第三节所述，民俗学家孜孜不倦收集的疫神传说均为款待疫神的故事。这其实是人们假想疫神和自己居住于不同世界，想方设法保护自己免受疫神带来的传染病之害，并将恐怖的灾厄之神转变为福神的思想体现。以往的民俗学仅从这一思想出发，分析了疫病与日本人的关系。

然而，我们却从落语中看到了另一个世界，居住在那里的人直接被视为疫神。当然，这个世界没有民俗学总结的"款待疫神"的思想。且这个世界编织出来的传说，如实地表现了人们遭受排斥的思想。也就是说，随着民俗学的发展，实际上还隐藏着一个无人察觉的世界。

在此我们着重考察了故事的"讲述者"。民俗学积累了丰富的传说，时至今日每天依然有不计其数的故事传说被创造，被讲述着。不过面对千方百计、好不容易到手的传说，我们不能简单地从民俗学上进行分类，或者直接解读其中隐藏的含义，而应如我们今日所论，首先要仔细斟酌这一传说到底由谁，由站在何种立场的人讲述的。

就算乍一看内容相同，或微不足道的小事，只要用"讲述者的世界"这张筛子过一过，它要讲述的内容，就会瞬间露出光芒。

最后再补充一句，以往民俗学的研究对象，大都是过着正常而健全的生活，处于日本文化核心位置上的"常民"。但，遭受"常民"歧视的，常被我们遗忘的群体所讲述的故事也应给予关注。如此一来，民俗学舍弃的另一个世界就能清晰地浮现在我们的眼前，新的民俗学之路也会随之敞开。换句话说，真正意义上致力于"被遗忘的日本人"的研究，才是我们民俗学最重要的课题。[29]

注

（1）桂米朝：《米朝落语全集》第5卷，创元社，1981，第104—120页。

（2）同注（1），第121页。

（3）晓钟成：《近来见闻　物语之笛》，载《日本随笔大成》第3期第6卷，吉川弘文馆，1977，第109—110页。

（4）关山和夫：《说教的历史》，岩波新书，1978。

（5）宇井无愁：《落语之源》，中公新书，1983。

（6）如果临时被转移到其他地方，则会按照当地的形态发生改变。按此观点思考江户与大阪间落语的移动和故事的变形也会很有趣。

（7）吉田兼好：《徒然草》，永积安明校注、译，载《日本古典文学全集》第27卷，小学馆，1971，第132—133页。

（8）《园太历》中记载："应长元年（1311年）三月，自本月中旬，京畿诸道疫病流行，俗称三日病，但实际上应该是风疹（三日麻疹）。"（富士川游：《日本疾病史》，载《东洋文库》第133卷，平凡社，1969，第210页再引）

（9）《春日权现验记绘》，载小松茂美编《续日本绘卷大成》第14卷，中央公论社，1982，第50—51页。

（10）《融通念佛缘起》，载小松茂美编《续日本绘卷大成》第11卷，中央公论社，1983，第82—83页。

（11）柳田国男：《送神与人偶》，载《定本柳田国男集》第13卷，筑摩书房，1969，第457页。

（12）福田晃编《日本传说大系》第12卷，湖书房，1982，第53—54页。

（13）津村正恭：《谭海》，载《日本平民生活史料集成》第8卷，三一书房，1969，第91页。

（14）《日本虚构传承人名事典》，平凡社，1986，第303页。参考了"苏民将来"条（饭岛吉晴）中的读法。

（15）大岛建彦：《款待疫神的传承》，载《疫神及其周边》，岩崎美术社，1985，第70—71页。

（16）滨松歌国：《摄阳奇观》，载《浪速丛书》第6卷，浪速丛书刊行会，1929，第220页。

（17）宫本常一认为村落讲述的"传说"目的在于他者认知（《村的礼仪·都市的礼仪》，载梅棹忠夫、多田道太郎编《日本文化的表情》，讲谈社现代新书，1972，第43页），这一发言引导人们同都市"传说"进行比较研究。

（18）东大落语会编《增补落语事典》，青蛙房，1969，第121页。

（19）同注（1），第122页，宫尾SIGEO编著的《江户小故事集1》（《东洋文库》192，平凡社，1971）中收录的《好文木》和《千年草》中也有记载。

（20）《大阪编年史》23卷，大阪市立中央图书馆，1977，第33页。

（21）根岸镇卫：《耳袋》，载《日本庶民生活史料集成》第16卷，三一书房，1970，第312—313页。

（22）郡司正胜：《风神·风之祭》，载《CEL》第8号，大阪天然气能源文化研究所，1988，第25页。

（23）同注（20），第31—33页。

（24）高冈弘幸：《都市与疫病——近世大阪的送风神》，《日本民俗学》175 号，1988。

（25）《新落语全集》，大文馆书店，1932，第 213—214 页。

（26）作者不详：《人伦训蒙图录》，载《日本庶民生活史料集成》第 30 卷，三一书房，1982，第 436 页。

（27）《狂言集》下，载小山弘志校注《日本古典文学大系》第 43 卷，岩波书店，1961，第 350—355 页。另外，关于《月见座头》歧视的戏剧性，请参照山口昌男的高论《黑色的〈月见座头〉》（《滑稽的世界》，筑摩书房，1975［文库 1986］）。

（28）佐竹昭广：《弱者的命运》，载《下剋上的文学》，筑摩书房，1967，第 110 页。

（29）本文涉及的问题还可以与在日朝鲜人以及东南亚等地的外出打工者或新娘等创作讲述的故事进行联动研究。

附记

本文在撰写的过程中，桂米朝老师给予了我极大的帮助，在此深表谢意。

本文初次发表于小松和彦编《这不是"民俗学"——新时代民俗学的可能性》（福武书店，1989）。

收录此书时，笔者对部分内容进行了大幅修改。

第五章
冈本绮堂和疫病
——病史与作品

横山泰子

序言

体弱多病的冈本绮堂

当疫病来袭、生死攸关之际,过去的人作何感受,又如何行动?通过日本大众文学作家留于后世的资料,笔者想就此问题一探究竟。由于大众文学作家实难胜数,笔者从平凡社出版的《现代大众文学全集》全六十卷以及讲谈社出版的《大众文学馆》百册中,仅选取冈本绮堂(1872—1939)这位反复涉及疫病的作家为例展开探讨。

冈本绮堂是知名的戏剧家,亦著有《半七捕物帐》等诸多大众读物及随笔,且有日记、书简留世。冈本绮堂的养子冈本经一曾说:"绮堂生来便是蒲柳之质,从年谱可知他常常苦于宿疾,尤其人过中年,没有一年是无灾无难的。"[1] 前后罹患脑贫血、胃肠病、头痛、失眠、肾病、心脏病的冈本绮堂之所以能活到68岁,冈本经一认为这要归功于他的养生和小心谨慎。的确,《冈本绮堂日记》中记录自己和家人疾病的文字颇多，从中我们也可以看出他对健康的关注程度。对待疾病谨小慎微的他，时而作为患者，时而作为患者家属，以日记的形式向现代人讲述着过去人应对疾病的方策。

此外，绮堂熟知江户时期的资料，也了解前近代的人们因未受近代医学的恩泽，对疾病采取的非合理姿态。因此，他善于将饱受疫病之苦的众生相虚构在时代小说的框架之中。加之绮堂喜爱怪谈，于是还创造出了将疾病和怪异现象合二为一的作品。

聚焦上述诸点，笔者决定选用绮堂去触碰大众文化中疫病这一主题。他的文章对于了解明治与昭和时代的大众文学作家如何解释和表述疾病极为重要，也是管窥当时的人们如何应对疾病的宝贵资料。本章特选取了与Influenza（流行性感冒）和Cholera（霍乱）有关的作品。

一 冈本绮堂和流行性感冒

冠以爱称的流行性感冒

① 谷风即谷风梶之助，是日本第四代横纲（相扑的最高等级）；风在日语中和"风邪"发音相同，本身亦可表示感冒，因此感冒被冠以各种"风"名。——译者注

据记载，流行性感冒作为一种疾病早在862年就曾肆虐日本，然而"流行性感冒"一词的普及却始于战后。[2]此病流行后，江户时期的人们常以爱称呼之。1784年发生的流行性感冒，其爱称源于相扑之名（谷风[①]），1832年又被冠以"琉球风"等名。绮堂也在随笔《阿染风》中回顾

第五章 冈本绮堂和疫病——病史与作品

了1890年（明治二十三年）席卷全球的流行性感冒：

> 今春，流行性感冒爆发。
> 此病席卷日本始于明治二十三年冬，至二十四年春愈加猖獗。彼时，我辈方知"流行性感冒"一称，传闻此病经法国船传至横滨。然，当时不称"流行性感冒"，而称"阿染风"。(3)

由此可知，虽然明治二十三年百姓知晓"流行性感冒"这一病名，但当时"阿染风"这一旧时的称呼依然普遍。不过，病名写作"阿染风"的大正时期，给病名取爱称的习俗却早已成为过去。图1《警惕流行风邪》描绘的正是医学知识普及的情形。图文既指出了该病的强传染性，又描绘了诊所和药店火爆但澡堂子和理发店却门可罗雀的景象。上述情形随着时间的流逝渐渐被人淡忘，因此绮堂才就昔日风俗向大正时期的读者予以说明。

图1 《警惕流行风邪》，内藤纪念药剂博物馆藏

149

阿染是歌舞伎和净琉璃中女主人公的名字（据说江户前期，她与名为久松的男人殉情而死），绮堂认为"过去人的想法很迷幻，他们大概认为感冒如同热恋的情愫，就像阿染迷恋久松一样，一下子就中招了。人们面对传染性极强，常常置人于死地的恐怖疾病，却给它起了一个可爱至极的名字，实在太有意思了"。真不愧是江户子想出来的点子。此外，绮堂还描绘了流行性感冒爆发期间的风俗。

> 二十四年二月，我与叔父同去向岛的梅屋敷。那日风和日丽。走在三围的堤下，恰好看到农舍前一个十七八岁的少女，头戴白手巾，正往房檐处张贴写有"久松外出"的纸条，女子的笔迹尚新，而房檐旁的白梅正盛。此景今犹在。

人们使用这道符咒是想告诉阿染，她所爱慕的久松不在此地，以防止"阿染风"进入家中（图1亦可见）。绮堂将此景作为江户时代的风情以怀旧的方式描绘了下来，其后便用以下文字煞尾了。

> 后来，流行性感冒屡次来袭，但"阿染风"这个名称在第一波后便退出了历史舞台。父亲笑道：要想缠住这时髦的久松，还是片假名的"流感"才般配啊。[2]然而，我的父亲在明治三十五年竟也因流感离世。

绮堂的父亲，以江户子特有的幽默对待流感，却也因

---

② 表达同一含义时，由于片假名源自外来语，语感较为时尚。因此虽同为"流感"，片假名的"インフルエンザ"则要比"阿染风"听上去更加时髦。——译者注

此病丢了性命。以怀古之情描写江户东京风俗的随笔，行文最后却以寥寥数句道出了流感的恐怖和生命的无常。

亲人的病逝

父亲冈本纯于1920年3月末感染，后因肺炎于4月7日离世，享年69岁。时年，绮堂31岁，他在随笔《父亲之墓》[4]中悲叹道："世事难料啊，如今父又舍儿赴黄泉，犹如黑夜失明灯，何其愁哉。"或许因父亲之死，他被胃肠疾病折磨了两月。通过《冈本绮堂年谱》[5]追踪其病史可知，1917年、1919年、1920年、1921年、1926年、1928年、1934年、1936年、1937年、1938年的记述中均有"感冒"二字。大正时代，西班牙流感全球肆虐，1919年1月19日起，绮堂因高烧40余度卧床不起。其时他受帝国剧场嘱托，正准备前往欧美戏剧界视察，这次生病让"他担心是否得延期出发，然而2月18日总算挣扎起来，方做诸般准备"，最终按计划于2月27日启程。

根据《年谱》，1920年1月绮堂因反复感冒卧床一月，10月侄子英一病死，年仅18岁。英一7岁起由绮堂抚养，为考取东京美术学校，刚刚进入川端画校学习。绮堂在《叔与侄》中详细描述了痛失侄子的心情。[6]他写道："小感冒竟留下大祸根，盛夏卧床三月有余，秋意渐浓时却化为虚空。"英一可能也死于流感。英一6月下旬罹患肋膜炎（现称胸膜炎，即覆盖在肺表面的胸膜产生的炎症），7月末被诊断说"肺部有问题"，10月9日就一命呜呼了。

18 日，整理英一的书橱。发现尚未完成的画稿，泪水再湿衣襟。留其二三以作纪念，余者撕毁拿到庭院，将这些催泪之物付之一炬。

红绘聚成堆，犹焚落叶灰。

19 日，见院中树上的蝉不动。伸手触碰，结果沙沙坠地。原来蝉早已化作空壳，顿感英一之死愈加悲凉。

秋蝉何处去，唯壳空坠地。

对于英一的死，绮堂无法释怀，于是写道："我从未遭此不幸，直至今日，万事顺遂，怎料竟因英一之死尝尽无限苦楚。"

绮堂的弟子也很担心英一的病情。从绮堂写给门人大村嘉代子（剧作家）的信[7]中可以看到，"在那之后，英一的病情仍然不见好转"（9 月 4 日）、"英一的病情让你费心，为师深表谢意。贵弟的来信已悉知，我会代为转达，小侄生性固执，不知他能否遵嘱贯行，我将竭力叮咛"（9 月 17 日）。大村的堂弟得三劝英一尝试肉食疗法，但一切徒劳。英一去世后，得三担心怪罪自己，便给绮堂寄去书信。绮堂在 10 月 22 日寄给大村的信函中反复表明，英一未按食物疗法认真治疗，他的死和肉食疗法无关，让其弟无须自责。这个食物疗法具体为何现已不得而知，却把我们的记忆带回了以肉入药的时代。

《冈本绮堂年谱》1921 年 3 月条记载："因流感卧床约一月。病后诱发中耳炎，从 4 月起，经六周才渐次痊愈"，中耳炎因鼻腔和喉咙的细菌经耳道传至中耳引发,流感是常见的诱因之一。故此,1923年有一个月、1926年有两个月、1928年有两个月,绮堂屡次遭受了流感和中耳炎的折磨。

小说中的流行性感冒

由此可见,流行性感冒这一疾病给绮堂本人及其家人都带来了痛苦。有关流行性感冒的作品中有一篇怪谈,名为《隔壁房间的叫声》[8]。S君因为旅馆隔壁房间传来的"爸爸""妈妈"的伤心叫声而难以入睡。隔壁房间住着外交官的女儿、妻子和保姆。据保姆说,他们家的小女儿非常喜爱一个欧洲产的洋娃娃。由于上面的发声器坏了,只得送回欧洲修理。但小女儿却患上流行性感冒,一个礼拜就死了。她整天念叨"娃娃还没寄回来吗",结果喊着"爸爸""妈妈"时就咽气了。后来寄回的娃娃就作为女儿的遗物保存了下来。为了缓解母亲的忧伤,姐姐、保姆和母亲带着娃娃来到箱根疗养,就住在S君的隔壁。S君说听到了"爸爸""妈妈"的叫声,结果保姆

忽然声音发颤,确认道:"您说的是真的吗?实不相瞒,在东京的时候,夫人也说半夜会听到这个叫声,我们都以为是她精神出了问题,没人信她的话,莫非真有其事?"我应道:"我对此事毫不知情,只是碰巧听到而已,恐怕不是精神作用吧。"听闻此话,

> 保姆脸色发青，说道："怕不是小姐的亡魂附在娃娃上了吧。"面对如此难题，我无言以对，如果真是娃娃自己发出了声音，那真是越想越可怕。

后来一行人搬到了别的地方，叫声之谜不得而知，但母亲之后便因病去世了。少女的亡魂是否附在了娃娃身上，也真相未明。不过将谜题留给读者正是绮堂喜好的怪谈类型。绮堂喜欢娃娃，其他作品也写到过娃娃，可以说这部作品凝结了他对娃娃和怪谈的喜爱。另外，《隔壁房间的叫声》写于外甥突然离世的第二年，因此该作品也反映了当时绮堂的痛苦。

再举一例，这是一部描写出场人物被感冒夺走生命的小品文，名为《怪谈小故事：朝鲜的父亲》[9]。一名朝鲜男性 S 因感冒引发肺炎，于是对身怀六甲的妻子（日本女性阿清）说："要是男孩你就把他养大，要是女孩我就把她接走。"随后便死掉了。结果阿清生的女儿在 16 岁那年患上了和父亲一样的病，看到鬼魂后离世。女儿的死究竟是过去的因缘还是偶然，作品并未交代。而作品中说话人 M 和听话人也未做出让彼此都满意的说明。

> 就算父亲和女儿患同一种病去世是巧合，可这秘密除母亲外无人知晓，女儿又是怎么知道的？难道这也是巧合吗？
> M 问我道：
> "（中略）如果是你的话，肯定知道这绝不是巧合

吧。"

我无法给出确切的答复。

绮堂认为"我国以往的怪谈过于合乎逻辑。怪谈嘛，无厘头的地方才厉害，才有意思"，进而提出了自己的怪谈理论。《隔壁房间的叫声》[10]《朝鲜的父亲》中对诡异现象不做说明的写法，正彰显了绮堂的特色。

1938年（昭和十三年），冈本绮堂由于感冒导致食欲不振、失眠，虽一度好转，但再次复发引起支气管炎，导致心力衰竭。病情恶化引发的高烧、支气管炎，让绮堂不得不闭门谢客。次年病势总算见轻，却在1939年3月1日悄然离世。如果绮堂确因"久治不愈的感冒"离开人世，或许他和父亲也死于同一疾病。

二 冈本绮堂和霍乱

从第三者的视角叙述

冈本绮堂的作品中，屡次成为其创作题材的还有霍乱（因感染后会猝然而死，故又称"虎狼痢"[3]）。该病可导致严重的腹泻和脱水，致死率高，令人恐慌。欧洲人来到印度后，霍乱席卷全球。虽然该病也曾传入日本，但由于日本引入了西洋医学，创新了治疗手段，强化了防疫体系，因此并未出现惨象。从资料上看，绮堂和家人并未感染霍

[3] 此名称借汉字模仿了"霍乱"的发音，另外，其发音本有"忽然、一下子"之意，确有虎狼之势。——译者注

乱。或许正因如此，绮堂虽多次以霍乱为题，却从未以当事人的角度描写同疾病抗争的辛酸以及照顾病人的苦楚，而是从第三者的视角将霍乱描绘成了让江户东京人无比恐慌的历史事件。

让我们看一下绮堂于 1918 创作的《下屋敷④的秘密》(11)。该作品以第一人称"我"（女性）作为叙述者，讲述了 1858 年（安政五年）霍乱流行时的故事。"我"出生于 1842 年（天保十三年），17 岁时到大久保式部少辅家的宅院做帮佣。夫人因惧怕霍乱搬到了位于杂司谷的下屋敷。"我"随夫人一同前往。一天，夫人找"我"说想见见年轻的歌舞伎演员市川照之助。由于"我"和照之助曾同门学舞，于是便拜托昔日的恩师阪东小玩，将照之助偷偷召进了屋敷。结果私会一事败露，照之助被家丁抓住塞入柜中，扔进了仓房里。后来，"我"被赶回了师傅那儿，因对自己的罪行懊悔不已，发誓从今往后再不观戏。

> 约过三年，趁拜鬼子母神之际，我偷至下屋敷附近，屋敷较往日更加荒凉。两栋土仓房依然高耸，寒鸦于瓦上啼叫。想到仓库柜中，尚有一具歌舞伎美男之白骨时，我寒毛卓竖，仓皇逃走了。

故事就此结束。

自慎，欲望的膨大剂

《下屋敷的秘密》中，作者并未直接描写人们与疾病

④ 下屋敷指江户时期大名建在郊外的别墅。——译者注

抗争的姿态，却刻画出了疫情期间人欲横流的模样。据"我"可知，霍乱主要发生在下町，山手地区感染者较少。因此，在府邸做佣的"我们"，虽闻之可怕却并未心生恐惧。《武江年表》记录了当时的情景，"时疫流行，始于芝区海边、枪洲、佃岛、灵严岛，家家无不患此病"，"八月起，愈发严重，蔓延至江户各地及周边，染则病，病则死"。[12] 该记录如实反映了安政五年七月霍乱始于江户下町并蔓延至山手地区的事实，《下屋敷的秘密》中"夫人"同样在八月末移居。

据叙述者说，下屋敷比上屋敷更加严苛，但活儿不累，只要不听信霍乱的传闻心情就还不错。她还说"现在想来，夫人移居下屋敷，或许不是因为霍乱吧"。此话也许暗示着夫人同老爷感情不睦，又喜欢戏剧，盼与演员私会，于是在欲望的驱使下，才以疾病流行为借口，搬到了掩人耳目的地方。小玩贪图夫人高额的赏钱，照之助也利欲熏心暗访屋敷。据说由于霍乱肆虐，"江户也一时间死气沉沉"，都市经济每况愈下，娱乐行业从事者的金钱欲就潜藏在事件的背景之中。换言之，《下屋敷的秘密》表达的正是疫病这种突发事态刺激了人们压抑的欲望，改变了人际关系这一事实。

该作品讲述的是旧幕时代的故事。作品发表时，经历过安政霍乱的老人们尚在。绮堂的母亲几野（出生于芝区的商户家中，曾在武家屋敷做佣）于四年后（大正十一年）离世，享年77岁。《下屋敷的秘密》中的"我"和几野为同时代人，虽难以考证，但母亲年轻时的经历很可能反映在了作品之中。作者似乎很中意《下屋敷的秘密》，因此又以《下屋敷》为题，对其进行删改后刊登在了关东大地震后的系列短篇集《三浦老人故事》当中。最早的版本中，登场人物从小石川巢鸭町搬到了杂司谷，这版则改成了目黑。不知缘何，演员被塞入柜中杀害的地点，即杀人现场发生了变化。绮堂还在删改后的《下屋敷》中加上了这样一句话，"昔日的大名和旗本的下屋敷中还藏着许多秘密哦"，让作品颇具复古之情。

《黄纸》描绘的世间百态

接下来，我们看一下以明治时代的霍乱为主题的作品《黄纸》[13]。该作品以明治元年出生的女性为叙述者，

> 近来，鲜见霍乱，令人宽慰。纵霍乱来袭，因预防消毒措施完善，流行之时患者亦不过一二百人。然，昔日则大不相同。安政时代大霍乱之景象，仅凭道听途说不得而知，然十九年之霍乱着实严重。我生于明治元年，时年夏天，恰一十九岁，故深知当时情景，彼时霍乱肆虐，仅东京市内，每日感染者多达百五十人至两百人，恐怖至极。

作品以此开篇。叙述者从东京中央部迁至新宿番众町的这一设定，和出生于明治五年、关东大地震后搬到大久保的绮堂相似，关于景致的描写也反映了作者的真实生活。

第五章　冈本绮堂和疫病——病史与作品

新宿番众町是十足的乡下，凄凉无比。女佣阿富说，附近饭田家的御新造就想感染霍乱。根据当时的传言，吃天妇罗和生鱼片会得霍乱，她就偏要吃这些危险的东西。数日后，阿富与其偶遇，发现她"一下子消瘦了许多"。霍乱流行期间，御新造还用镰刀杀死貉子，诡异行为让左邻右舍担心不已。最后她真的染上了霍乱，当天就死掉了。当时，患者门前会贴一张写有霍乱的黄纸。这次病人却准备了两张，一张贴于自家，另一张却求警察贴在柳桥的艺妓家。结果据警察调查，该艺妓果真在同一天死于霍乱。御新造本来也是柳桥的艺妓，后嫁给一官员做妾。可官员又移情至她的小姐妹，于是御新造醋意大发，一心想着"得霍乱死掉算了！"之后，传言饭田家闹鬼，搬来的人接二连三地死掉了。

该作品同样利用患者的四邻之口，讲述了霍乱期间的人间百态。虽然御新造是故事的主人公，但普通市民却惧怕疾病，这一日常描写颇有意思。叙述者担心"她"的同时，对其想得霍乱一心求死的心理百般猜测，母亲说"她家要是出了霍乱，四邻可要倒霉啦"，而原为医生的父亲却一脸冷漠。

时至9月，霍乱未息，学校大抵于9月1日授课，亦因此延期。另，迄今感染者较少的山手地区，患者也与日俱增，四谷至新宿一带亦可瞧见张贴黄纸的住家。当时，凡有感染者屋外便贴一张类似房屋租赁的黄纸。经过贴有黄纸的住家时，皆欲退避三舍。如此，恐怖的霍乱越来越近，吾等怯懦，诚惶诚恐，只盼寒日早至。

得知附近感染霍乱的人越来越多，叙述者和周围女性终日惶惶不安。饭田的御新造感染霍乱后，究竟发生了什么呢？"狭窄的巷口挤满了喧闹的人群，石炭酸（笔者注：消毒药）的气味刺鼻，病人好像被送到了隔离医院，还有挂着黄纸的搬运架"，"一会儿禁行一会儿消毒的，邻居们都烦死了"，"周围怨声四起、恶语不断"。

第三者讲述的奇妙现实感

《下屋敷的秘密》和《黄纸》，皆以生活无忧却内心孤独的女性为中心，这一点是共通的。无论是同丈夫不睦的"夫人"，还是怨恨官员不来自己这儿的"御新造"，都在霍乱流行这一非常事态下，或同演员私会，或主动感染霍乱，做出了非常之举。不过，她们的离经叛道因为由其他女性道来，所以读者只能从叙述者的回忆中猜测昔日霍乱流行时的情形。但也正因如此，又会给读者一种奇妙的现实感，有关那些发生在江户东京的无人知晓的秘密，就好像直接从当事人那儿听来的。

说到现实感，冈本绮堂写《黄纸》时，东京已经出现了霍乱感染者。据《冈本绮堂日记》[14] 1925年9月7日条记载："读报时，方知东京亦出现两名霍乱患者"，而次年的9月8日条记载："读报时，得知霍乱愈加严重。"9月10日条记载："读报时，得知市内的霍乱患者与日俱增。"

第五章 冈本绮堂和疫病——病史与作品

其实，当年9月7日的《东京日日新闻》也确有"芝区患者疑似霍乱，帝都危机四伏，各地相继出现疫情"的报道。此外，亦有横滨发现感染者，死亡9人；以及人们害怕霍乱不买鱼类，导致鱼贩子绝望自杀的报道。

9月8日的报道（图2）亦与霍乱有关，如"市内的小学生全部接种疫苗呼吁各家各户严加防范""少年少女眼中的霍乱"等。9月9日（东京朝刊）有"霍乱治疗费用 患者每人一千""各地的患者""感染霍乱却大难不死"，9月10日（东京朝刊）有"商大贿长之妻 疑似感染霍乱""芝区再出一名确诊病例""电车中发病""下谷也出现可疑患者"等，有关霍乱的报道只增不减。正是看到了这些报道，绮堂才在日记中写下了"愈加严重""与日俱增"二词。

日记9月12日条称"始写《苦乐》底稿"，从那日起，绮堂开始执笔《黄纸》，9月13日条记载："继续撰写《苦乐》底稿，至午后2时，又完成13页，共计22页。名为《黄纸》。"由此可知，绮堂仅用两日便写就该作品。日记9月13日条还写道："麹町小学校内接种霍乱疫苗，深部（笔者注：学生，后为绮堂的养子，更名冈本经一）前去接种，女佣们却望之却步。日落风不起，残暑尚未歇。这样的时节，霍乱自然会流行，故市内的患者似乎愈来愈多。"换言之，以明治时代的霍乱为主题的作品《黄纸》，正写就于大正十四年霍乱肆虐的时期。了解这些后再读《黄纸》，我们就知道叙述者所谓的"近年霍乱横行，但预防消毒完善"正出自人们的生活实感。

图 2 《东京日日新闻》，1925年（大正十四年）9月8日东京朝刊

时代的精心设定

翻开 1925 年的《东京日日新闻》，我们会发现除了关于霍乱的新闻，还有针对霍乱的胃肠药（9月7日东京朝刊）以及杂志《苦乐》的广告（图3，可以看到"黄纸"二字）。绮堂本是《东京日日新闻》的记者，新闻从业者的敏锐感觉在他执笔时发挥了重要的作用。霍乱发生时，绮堂大概是想以霍乱为题创作个历史读物吧。以现实危机为题材的作品很容易引起读者的兴趣，但也会给读者带来强烈的不安。为此，绮堂将作品设定在明治时代，缓和了故事的整体印象。他一方面以热门的霍乱为话题，一方面又将作品的刺激程度控制在适当的范围之内，这一做法颇为有趣。

1922 年，绮堂接种了霍乱疫苗。10 月 10 日寄给大村嘉代子的信中写道："霍乱着实扰人，小老儿昨早亦接种疫苗，虽三令五申要求注意饮食，但又口中寂寞，无奈无奈……接种后性命可保，但绝非不再感染，切莫疏忽大意！"对于经历霍乱大流行的人们来说，该病虽非不治之病，却也让人大为苦恼。日记中还写道："晚年，他告诉年轻人，三十以后，虽患肺病，却未被打倒，然伤寒、痢疾等急病却要注意！"[15] 虽未提及"霍乱"，绮堂却认为要注意肠道的细菌感染。久病缠身的绮堂格外关注自身的健康管理，或许正因如此，他一生也未被霍乱、痢疾、伤寒等病所扰。

图3 《东京日日新闻》，1925年（大正十四年）11月6日东京朝刊

疾病文学中的娱乐和教训

迷信和妄想

绮堂的作品中常出现疾病流行导致人心惶惶、怪谈迷信盛行的景象。以江户为舞台的侦探作品《半七捕物帐》[16]中的《披肩蛇》《地藏跳舞》均是安政霍乱流行时关于怪谈的神秘小说。《河豚鼓》以破解诱拐案为题,讲述了乳母听信恶人"种痘会要孩子命"的鬼话,将主顾家的孩子藏了起来的故事。另外《卖甜酒》中有传言称黄昏时靠近卖甜米酒的老婆婆就会患病,半七对此展开了调查。

这些作品均采用江户事件回忆录的形式,话题的提供者半七对年轻的听者说"今天遭你们非议我也没法儿,但过去的人可是深信不疑"(《披肩蛇》),"你还别笑!这就是古今人性的不同。说地藏会跳舞,你觉得好笑,可过去的人只会觉得神奇"(《地藏跳舞》),"过去啊,哪儿都有这类不可思议的传说,可现在这些传说却都消失得无影无踪喽"(《卖甜酒》),他反复强调"古时怪谈常有,人亦对此笃信"。

作品中的怪谈并非绮堂闭门造车,而是有据可循。根据《半七捕物帐事典》[17],《披肩蛇》的传说出自十方庵的《游历杂记》,《卖甜酒》的故事亦可见于《武江年表》。按照现代的观点,绮堂借由作品记录下了古人被不合理的迷信所蛊惑的情形。

他也承认,"按当代的观点来看尽是不合理的迷信"。

然而，有时人们就会因为内心的不安而采取不合理的行动，这一点绮堂比谁都清楚。《河豚鼓》中描写了一位听信种痘会导致孩子死亡的女性，而《冈本绮堂日记》中亦可见大正时期因心生恐惧未敢接种霍乱疫苗的女眷。不仅是家中的女眷，绮堂在国外生病时也曾担心到胡思乱想。

绮堂本人的真实体验

日俄战争期间，就职于东京日日新闻社的绮堂，曾作为从军记者被派往中国东北战场，期间身体抱恙。因高烧无法行走，遂与苦力高秀庭暂离大部队，夜幕降临后他突然倍感不安，心想要是高秀庭趁我生病，把一行人的物资都带跑了，那就完蛋了。

> 我想无论高烧成什么样，难受成什么样，我今晚都不能糊里糊涂地睡觉。
>
> 虽这般想，但吃了高给我煮的粥，喝了他为我准备的药，不知怎的竟睡意袭来。忽然醒来时，发现枕边的蜡烛已灭。我擦了根火柴，看了下表，已过9点半，却不见高的身影，我吸了一口冷气，一下子蹦了起来。
>
> 可行李包裹就在那里，翻了翻东西也一样没少。我稍微放了点心，不过他跑哪去了呢？[18]

他会不会弃我而去了呢，正在这时，高抱着毯子回来了。当得知高是为了生病的我，冒雨弄来一条毯子时，绮堂的心情"超出了感谢，更像是悲伤"。人在生病时，会担心到失去理智，变得疑神疑鬼，涌现出一种消极的情绪。"我竟以貌取人，一想到自己竟是这么个卑鄙浅薄之人，我泪湿眼眶。这并非感激之泪，而是自责之泪。"绮堂经常在作品中描写人的卑鄙和浅薄，我想这正基于作者体弱多病的真实体验吧。

绮堂描绘的景象

绮堂的作品描写的并非人们同疾病顽强斗争的崇高形象，而是百姓惧怕疾病的真情实感。作为大众文学家，通过作品娱人一乐那是自然，但他也让读者了解到了过去的人们是如何经历疾病的。随着医疗的发展，绮堂作品中的疾病对现代人来说已经没有那么恐怖了。但面对未知的疫病，现代人和江户时期的人并无二致。面对难以治疗的疾病，现代人同样会感到不安和恐惧，产生和古人相同的心理，采取类似的行动。同样会被新冠肺炎的不科学信息所摆布，因此我们无权嘲笑作品中过去的人们。

绮堂创作的疾病文学，给处在新冠疫情之中整日担心感染的现代人，也带来了许多乐趣和教训吧。

注

（1）冈本经一：《绮堂年代记》，青蛙房，2006，第424页。

（2）酒井静：《疾病讲述的日本史》，讲谈社学术文库，2008，第147—153页。

（3）"阿染风"的引文源自冈本绮堂的《江户子的境遇》（河出文库，2003）。

（4）《父亲之墓》的引文源自《冈本绮堂随笔集》（岩波文库，2007）。

（5）《冈本绮堂年谱》选自冈本绮堂《江户的语言》（河出文库，2003）。

（6）《叔与侄》的引文源自注（4）的《冈本绮堂随笔集》。

（7）冈本绮堂给大村嘉代子的书信引自《给弟子的信》（青蛙房，1958）。

（8）冈本绮堂《隔壁房间的叫声》（《妇人公论》1921年7月号）作为"纳凉珍话　夏亦寒物语"（一），与其他作家的作品共同刊载，后改名为《河鹿》，开头新添文字，收录于《近代异妖篇》中。引文内容源自中公文库（2013）。

（9）《朝鲜的父亲》引文源自《冈本绮堂读物集6　异妖新篇》，中公文库，2018。

（10）冈本绮堂：《随笔　怪谈剧》，载《冈本绮堂妖术传奇集》，学研M文库，2002，第781页。

（11）冈本绮堂：《下屋敷的秘密》，《讲谈俱乐部》1918年10月号。

（12）斋藤月岑：《增订　武江年表2》，平凡社，1968，第166页。

（13）《黄纸》的引文出自《冈本绮堂读物集2　青蛙堂鬼谈》（中公文库，2012）。

（14）《冈本绮堂日记》，青蛙房，1987，第400页。

（15）同注（1），第425页。

（16）引用时参考了《半七捕物帐》（筑摩书房，1998）。

（17）今内孜：《半七捕物帐事典》，国书刊行会，2010。

（18）同注（3），《江户子的命运》，第279页。

第六章

近代、骰子、疫病体验
——从明治时期的卫生双六看日常和传染病

香西丰子

序言——疫病的近代

"传染病"的诞生

幕末至明治期间，疫病迎来了一次重要转机。人们对于疫病发生的认知方式此时发生了巨变。

疫病，作为攻击群体的疾病，自古以来就同千奇百怪的原因相关联。[1] 时而是神佛的惩罚，时而是国家的失政，时而是死于非命之达官显贵的怨灵作祟。例如，明治前期导致儿童大量死亡的疱疮（后称"天然痘"），就和疱疮神这一特定形象产生了联系。人们认为疱疮神的造访会让人得疱疮，为让患者尽快康复，就得好酒好菜招待此神。对当时的人们来说，疫病不是身体出现的症状，而是在外界的影响下身体产生的现象。

然而幕末至明治的短短数十年，人们对疫病的理解却灿然一新。19世纪初，日本列岛经历了前所未有的传染病大流行。如1817年（文化十四年）发生在长崎的"神经疫"（伤寒？），1822年（文政五年）以西日本为中心的"急死病"（霍乱）。一些医生见症状如此严重，奋力译介西洋医书，借此查明病因，寻找治疗方法。对于病因的认识，也从伤害身体的内外之毒，转向了具有传染性的物理性病原物。

将疫病看作外界对身体的综合侵犯，还是病原物传播导致的集体发病，实乃天壤之别。幕末时期，先是研究近代西洋医学的医生，再是为政者，在疫病认识上都转向了后者。既然疫病乃病原物传播所致，那么切断传播路径的同时，还必须采取措施防患于未然。为此，日本积极向西方学习，改善生活环境，加强海港检疫，大力推广种痘之法（天花的预防接种）。

"传染"（转移）这一概念，原本用来解释肥前疮[①]等皮肤疾病，明治前后却迅速发生转变。国家将以霍乱为首，因病原物的扩散导致集体发病的疾患定义为"传染病"，并逐步确立了预防此病的法律制度。疫病终于走向了近代化，变成了应从日常中彻底清除，且能从日常中彻底清除的疾病。

从"卫生双六"看明治时期的疫病

那么，明治时期的疫病即传染病是怎样呈现于日常世界的，在消除传染病方面又是怎样宣传的呢？本章将通过明治时期三种以"卫生"为主题的绘双六[(2)]去探析当时的情形。

[①] 即疥癣，日语中皮癣和肥前发音相同，但是否与肥前这一地名有关尚不清楚。——译者注

第六章　近代、骰子、疫病体验——从明治时期的卫生双六看日常和传染病

如今所谓的"绘双六",是15世纪下半叶出现于日本的桌上竞技游戏。[3] 同早前出现的"盘双六"一样,玩家按顺序掷骰子,从"起点"先到达"终点"者为赢。最初的绘双六是以极乐净土为终点的"净土双六",随着时代的发展,其种类也在不断增多。

到了近世,随着木版印刷技术的发展,色彩丰富的绘双六陆续上市。棋子的移动方式也有所改良。以往的"净土双六"和"道中双六"(从起点到终点,沿东海道和参拜伊势神宫的路线前进)均为"巡游双六",人们只能依骰子的点数按规定的路线前进,而新的"飞行双六",则可根据骰子的点数,直接飞到特定的棋格之中。

本章讨论的以卫生为题的"绘双六"(以下称"卫生双六")正是这种从起点到终点,要经历数次疾病的飞行双六。飞行双六的乐趣大概就在于一张图纸可以走出多种多样的故事吧。卫生双六也不例外,通过骰子的每一次投掷,通向终点的路线不断发生变化。感染疫病后,或来到"传染病医院"接受治疗,或驶向"迷信",或仰仗"成药",当然命运也因此千差万别,或健康长寿,或走向死亡。

估计玩家在竞技之余,既体验了故事展开的妙趣,又学到了有关"卫生"的"正确"知识。然而,同其他主题的绘双六一样,卫生双六的实际销量、比赛场合以及玩家的具体信息均不得而知。因此,本章仅聚焦于卫生双六的创作意图和时代背景的对应关系,探寻每个棋格背后的素材,以及蕴藏在格与格之间飞行方式的含义。明治时代的

娱乐媒体究竟是如何描述"传染病"的呢？接下来让我们逐一考察。

一　《卫生寿护禄》1884年（明治十七年）

《卫生寿护禄》的时代背景

我们先来看看1884年（明治十七年）11月17日出品的《卫生寿护禄》[4]，该飞行双六有5行6列，共计26格，顶部中间位置写着"大日本私立卫生会"几个大字。虽然编者青木半右卫门及出品人石川恒和的履历不详，但从构图来看，明显反映了一年前成立的大日本私立卫生会的活动宗旨。

大日本私立卫生会在明治时期的卫生宣传方面有着举足轻重的地位。幕末时期，日本接连遭遇未知的疫情，宣传引介西式的"卫生"（Hygiene）乃大势所趋。明治新政府顺势而为，自明治初年将种痘规定为国民义务，同时设立各种制度促使卫生知识及实践在日本落地生根。1872年（明治五年）制定的"学制"，考虑到健康的体魄乃学习的基础，故将"养生法"设为下等小学②的必修科目。1874年（明治七年）又制定了"医事制度"，从营养学的角度将"保健法"作为获取医学学位的必修课程。另外，1875年（明治八年）还设立了内务省卫生局，主管国家的卫生事业。

然而，政府设立的新式医疗制度、医学教育、学校教

② 根据1872年颁布的学制，下等小学学习年限为4年，下个阶段为上等小学。——译者注

育，无法立刻控制住当下的传染病。特别是西南战争爆发的1877年（明治十年），曾肆虐日本的霍乱，于两年后即1879年（明治十二年）再次卷土重来，造成了十余万人死亡。1880年（明治十三年）政府颁布"传染病预防法则"，将霍乱、伤寒、痢疾、白喉、斑疹伤寒、天花这六种疾病定为"法定传染病"，进行重点管理，但国家主导下的传染病对策仍有一定局限。

于是，1883年（明治十六年），向国民普及卫生知识、助力国家卫生措施的大日本私立卫生会应运而生了。该卫生会不仅针对会员发行机关杂志，举行集会，还面向大众举办卫生座谈会、卫生幻灯展等活动，着力提高人们的卫生观念。换言之，大日本私立卫生会是国民主动"守卫生"的启蒙行动，是对国家措施的重要补充。

《卫生寿护禄》的概况

接下来，让我们仔细看一下冠以"大日本私立卫生会"之名的《卫生寿护禄》（图1，2）。

"起点"为"出生"，"终点"是以"福""禄""寿"挂轴为背景、合家举杯庆祝的场面。除去"终点"，剩下的25格中，各有一首31字短歌形式的短评或警句（表1）以及飞向下一格的指示。例如，从写着"闻鹤初鸣，心甚欢。千秋百岁，吾所愿"的"出生"一格，按照骰子的点数，将飞向以下棋格，"1种痘、2幼儿园、3学校、4乳母、5虚弱"。

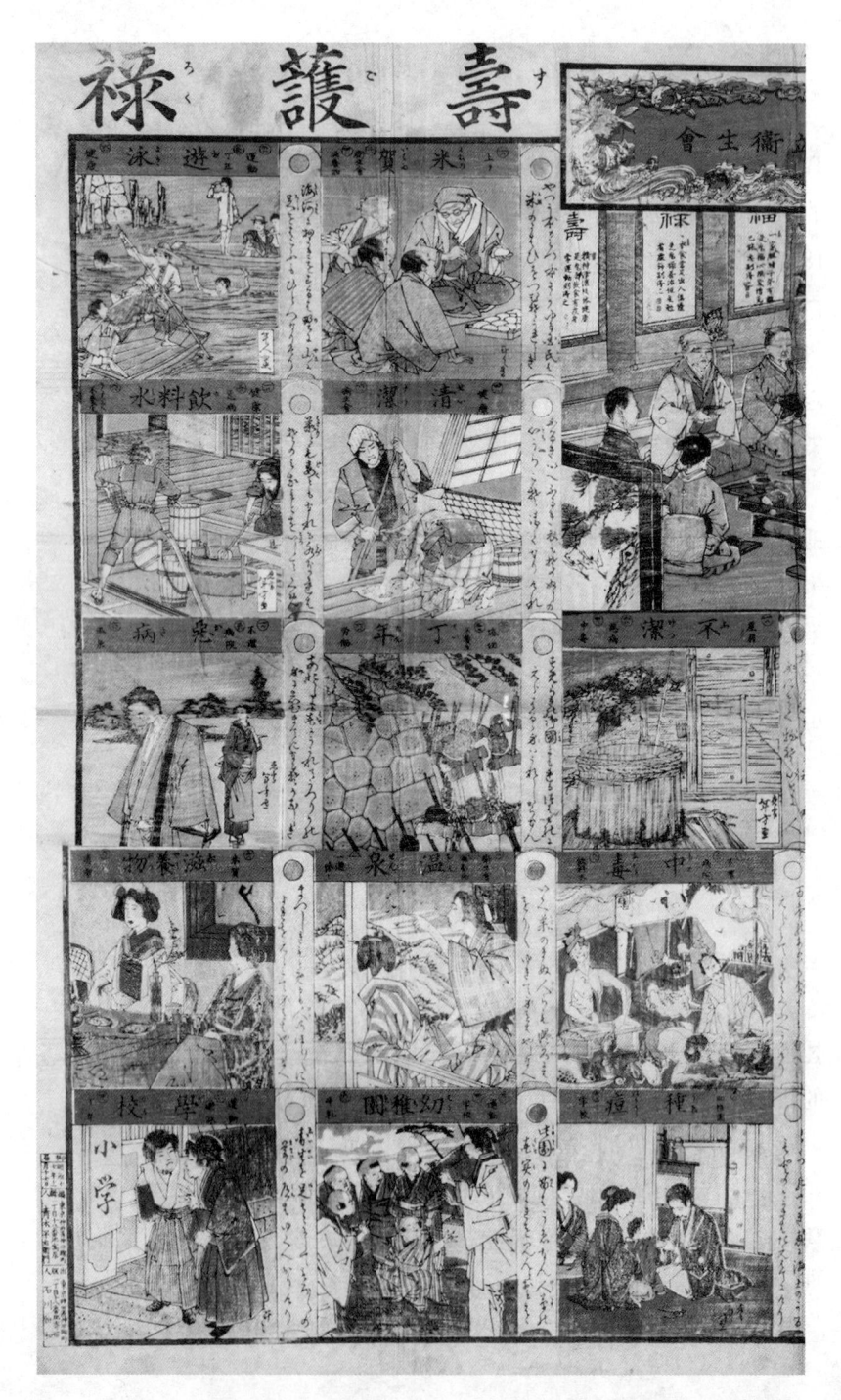

图1 （左）《卫生寿护禄》左半部分，（右）《卫生寿护禄》右半部分，笔者藏

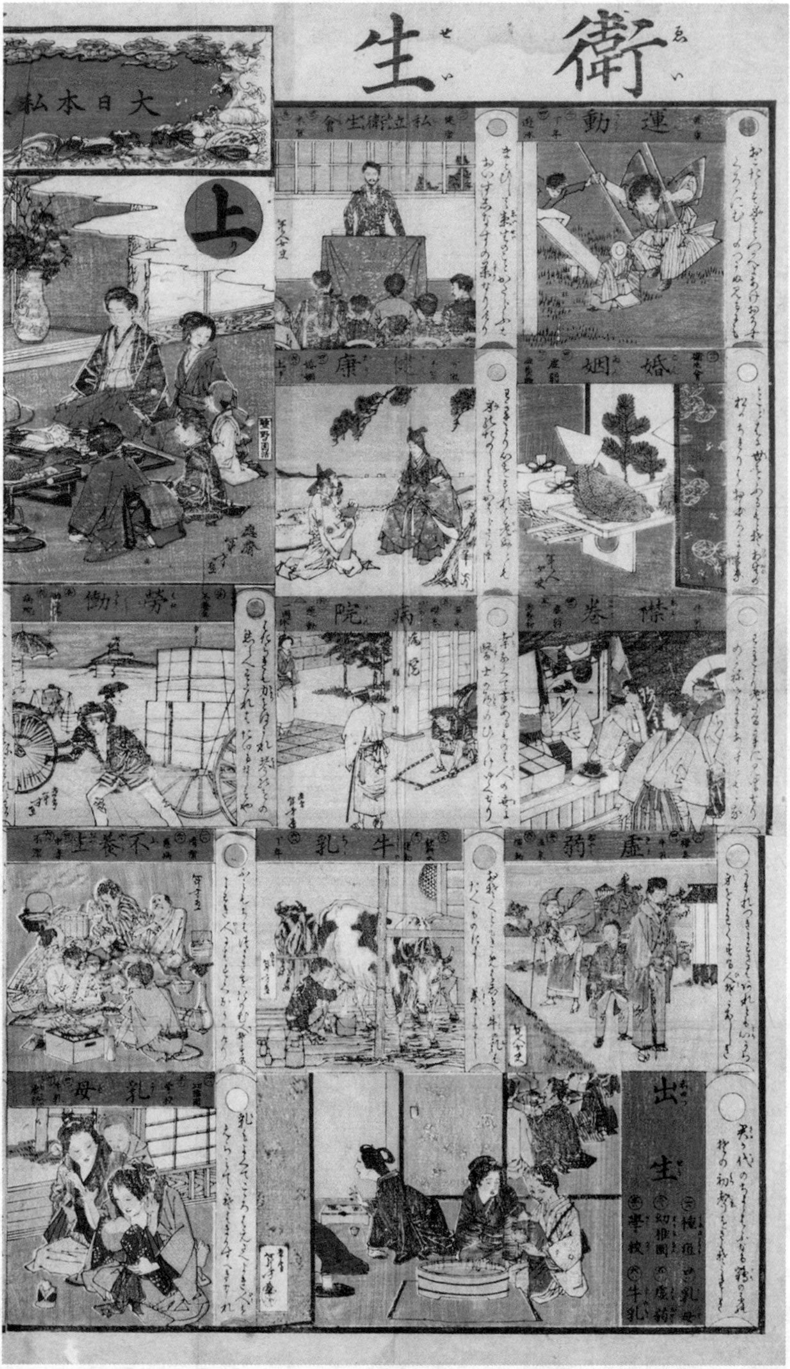

衛生
大日本私
上り
運動
私立衛生會
婚姻
健康
勞働
病院
不養生
牛乳
虚弱
乳母
出生

图2 《卫生寿护禄》的棋格配置

游泳	米贺	终点		私立卫生会	运动
饮用水	清洁			健康	婚姻
恶疾	成年	不洁	劳动	医院	围巾
营养品	温泉	中毒	不养生	牛奶	虚弱
学校	幼儿园	种痘	乳母	出生	

表1 《卫生寿护禄》各格中的短歌

出生	闻鹤初鸣，心甚欢。千秋百岁，吾所愿。
乳母	乳汁甘，心地善，择此人，育儿身。
种痘	海士染痘疮，海神悯苍生，幸得种痘法，痘疮去无踪。
幼儿园	欲见香花同硕果，先将苗儿园中播。
学校	学问之道千万条，卫生为本要记牢。
虚弱	蒲柳又何妨，情志把身伤，不知其中理，此生徒悲凉。
牛奶	牛之乳见效慢，又当药来又当饭。
不养生	身强体又壮，放纵又何妨？谁知体弱者，多把百年活。
中毒	天寿百年，因毒而减，精挑细选，严把嘴关。
温泉	不服药身体健，莫大意将己骗，时不时去温泉，养身体享天年。
营养品	穷富皆为人，量力择补品，身康体又健，不枉来世间。
围巾	年轻人莫逞强，围巾眼镜全戴上，像个老头又何妨？
医院	若世间有福无祸，则医生之辈难活。
劳动	劳若过度，犹琴弦过紧，焉能不断？
不洁	百病皆因己，劝君莫大意。
成年	选为强者，保家卫国，岂不快活！
恶疾	吾欲闻花香，残香染身上，觉知花香毒，唯有泪双行。
婚姻	人生在世情为本，连理之约刻心间。
健康	自幼拭心境，虽老身犹轻。
清洁	古宅旧衣但无妨，内心洁净自高尚。

第六章 近代、骰子、疫病体验——从明治时期的卫生双六看日常和传染病

(续表)

饮用水	水为药之长，亦为毒之王，故此取水时，留意莫匆忙。
运动	流水不腐，户枢不蠹，常健体魄，切莫怠惰。
私立卫生会	团坐一起讲卫生，堪比仙药不老松。
米贺	稻谷丰收人长寿，八十八载乐无忧。
游泳	游于江河，行于山野，强身健体，其趣无异。

想要到达"终点"，"健康""米贺"③或"私立卫生会"为必经之路。最短的路线是"出生"后，先进"幼儿园""学校""虚弱"或"牛奶"中的任意一格，再进"运动""游泳"或"饮用水"，最后经"健康"到达终点，摇四次骰子。不过，实际的游戏过程中会屡次遭遇"返回至某一格"或"休息一次"（"温泉"和"医院"）的指示，很难顺利到达终点。

在此期间，玩家根据骰子的点数度过了虚拟的一生，而这些棋格大致被赋予了四种卫生方面的价值。

第一，从"卫生"的观点来看绝对坏的东西。例如被视为百病之源的"不洁"，飞进这一格，接下来只能是"虚弱""恶疾"或"中毒"了。另外飞进特指梅毒的"恶疾"一格，接下来要么是"不洁"，要么只能被转至"医院"或"温泉"了。

第二，相反的，从"卫生"的观点来看绝对好的东西。例如"种痘"，出生后接种过牛痘就不必担心天花，于是就可以进入"幼儿园"或"学校"了。而大家聚在一起，深化"卫生"意识的"私立卫生会"，则会让人长命百岁，因此便可来到"健康""米贺"甚至是"终点"了。"清洁"亦是如此，进入这一格定会通向"健康"或"卫生会"。

③ 米字拆开即为"八十八"，故"米贺"指八十八寿辰的庆贺仪式。——译者注

179

第三，从"卫生"的观点来看可好可坏的两面派。例如"饮用水"是毒又是药，从这一格既可走向"健康"，又可行至"恶疾""不养生"。而血气方刚的"成年"既可迈入"婚姻""劳动"，亦可走向"不养生"。此外，"劳动"也是过犹不及，因此也会来到"营养品""不养生"或"医院"。对待"婚姻"，同样不可大意，它既与"卫生会""营养品"相连，也可通向"虚弱"一格。

第四，使卫生方面的价值由坏转好的东西。休息（停玩）一次的"医院"和"温泉"当属此类。因为这种棋格的存在，即便中途进入不如意的格子，但最后仍能到达终点。也就是说，在"医院"和"温泉"好好疗养，便可从前者进入"温泉""围巾""运动"，从后者进入"卫生会""营养品"的棋格了。

就这样，《卫生寿护禄》在提示了卫生方面好与坏的同时，还在有限的篇幅内讲述了日常生活中的陷阱以及逃脱陷阱的顺序和方法。

从《卫生寿护禄》看明治前期的"卫生"状况

通过《卫生寿护禄》，我们可以窥见些许明治10年代的"卫生"状况。

首先是对"传染病"（特别是急性的法定传染病）的戒备，呼吁大家不要让病毒靠近，彻底清除病毒等。自1876年（明治九年）起，"种痘"成为国民义务，婴幼儿时期必须接种。在生活方面，"不洁"是病毒的温床，要格外留神，时刻保持身体和生活环境的清洁；在饮食方面，挑选无"毒"食品，留意生活用水；强调寻花问柳是"恶疾"的元凶。

其次是对养生的重视。身强体健，则百毒不侵。因此，大力提倡"运动""游泳"，避免过度"劳动"和"不养生"。如果身体"虚弱"，要积极补充"牛奶""营养品"，戴"围巾"，泡"温泉"。根据情况，还应到"医院"寻求医学的帮助。想要健康地迈入老年，除国家的措施外，我们每个人都应保护好自己的身体。

最后还有一点就是同教育启蒙领域的相互关联。明治时期推广的"卫生"理念，从营养学、育儿法到住宅的设计，都和人们以往的生活方式息息相关。为了彻底改变现状，就需要一个教授卫生知识并使其付诸实践的场所。《卫生寿护禄》的棋格中，既有成人聚集的"私立卫生会"（卫生座谈会），又有"幼儿园""学校"，这不正是举国关注"卫生"的证据吗？按照文部省最初的设想，"幼儿园""学校"应为学习的场所，但学习的前提是有一个健康的体魄，这恰好又与提高国民身体素质的"卫生"目标相吻合。

二 《卫生寿互录》1892年（明治二十五年）

《卫生寿互录》的时代背景

接下来，我们再看一下1892年（明治二十五年）出品的《卫生寿互录》[5]。该飞行双六有6行8列，共40格。不同于《卫生寿护录》以"卫生"为主线的展开方式，该双六格与格之间并无关联，而是通过所患疾病与对应的药品连在了一起。双六上方写道："特药品若本表遗漏则改版再登。"其实就是用双六的形式为当时的常见药品拉了一张清单。

关于成药，简单回顾日本的药学史可知，明治时期正是医药品生产和销售的变革时期。[6] 日本长期以来都是医生先诊断再开药，直到近世，沿街卖药和店铺售药才流行起来，成药终于迎来了鼎盛时期。到了幕末，西药（化学合成药品）上市后，人们随时随地就能买到药了。

然而明治维新以后，新政府却对药品的功效和真伪持怀疑态度。1870年（明治三年）新政府制定了"成药管理规则"，禁止以神佛、祖传秘方等为药品冠名，对于药剂的调配、销售实行许可制度，对处方、功效、用法、定价等进行登记备案。另外，1874年（明治七年）又设立"司药场"④对各地的药品进行检查，对进口药物实行管制。1877年（明治十年），重新制定了"成药规则"，向药品经销商征税。

根据1886年（明治十九年）颁布的药品标准《日本药局方》以及1889年（明治二十二年）颁布的《药品经营及管理规则》（"药律"），普通医药品受到严格监管。与此相对，1909年（明治四十二年）《成药许可注意事项》下达前，成药的销售却相对自由。就算疗效不显著，只要对身体无害，便可销售。我们现在看到的《卫生寿互录》，正制作于成药延续近世鼎盛的最后一个时期。

④ 明治政府设立的官方药品检验机构，现日本国立医药品食品卫生研究所的前身。——译者注

《卫生寿互录》的概况

接下来让我们看一看，《卫生寿互录》展示给人们的成药究竟为何物？这些药又有哪些功效呢？（图3，4）

《卫生寿互录》由大阪四桥的成药产销商出资制作，免费发放给百姓。标题之下印着"解毒丸发行所　本林丁子堂本店"以及"有效改良卖药大贩卖所　本林丁子堂商店"的字样。而"起点"正是四周摆满了成药招牌的丁子堂商店。

从起点出发，根据骰子的点数，可移动至"① 解毒丸 ② 肝凉圆 ③ 土屋毛生药 ④ 艳布巾⑤ ⑤ 棉球 ⑥ 万金膏"（圆圈数字表示骰子的点数，以下同），最后经"[守田]宝丹""铁饴""真龙散"中的任意一格到达"终点"（引文[ ]内为附加说明，以下同）。"终点"处红白布条围绕，国旗迎风飘展。

如上所述，《卫生寿互录》的一大特点就是棋子的移动方式没有什么本质上的联系，或者说十分牵强。玩家只能根据骰子的点数进入下一格。例如，从"起点"，如果骰子的点数为①，则来到"解毒丸"，根据格内的说明，该药可治疗"梅毒、疮毒"，至于为什么突然得了"梅毒"，并未说明。接下来，根据骰子的点数，可分别移动至"①小町水 ③铁饴 ⑤三能香皂"。"[平尾]小町水"为化妆水，"铁饴"可"滋补强身"，"三能香皂"具有"美白"的功效。这一行进方式，说和皮肤有些联系吧，似乎又没什么关系。

⑤　浸蜡后用于抛光的抹布。——译者注

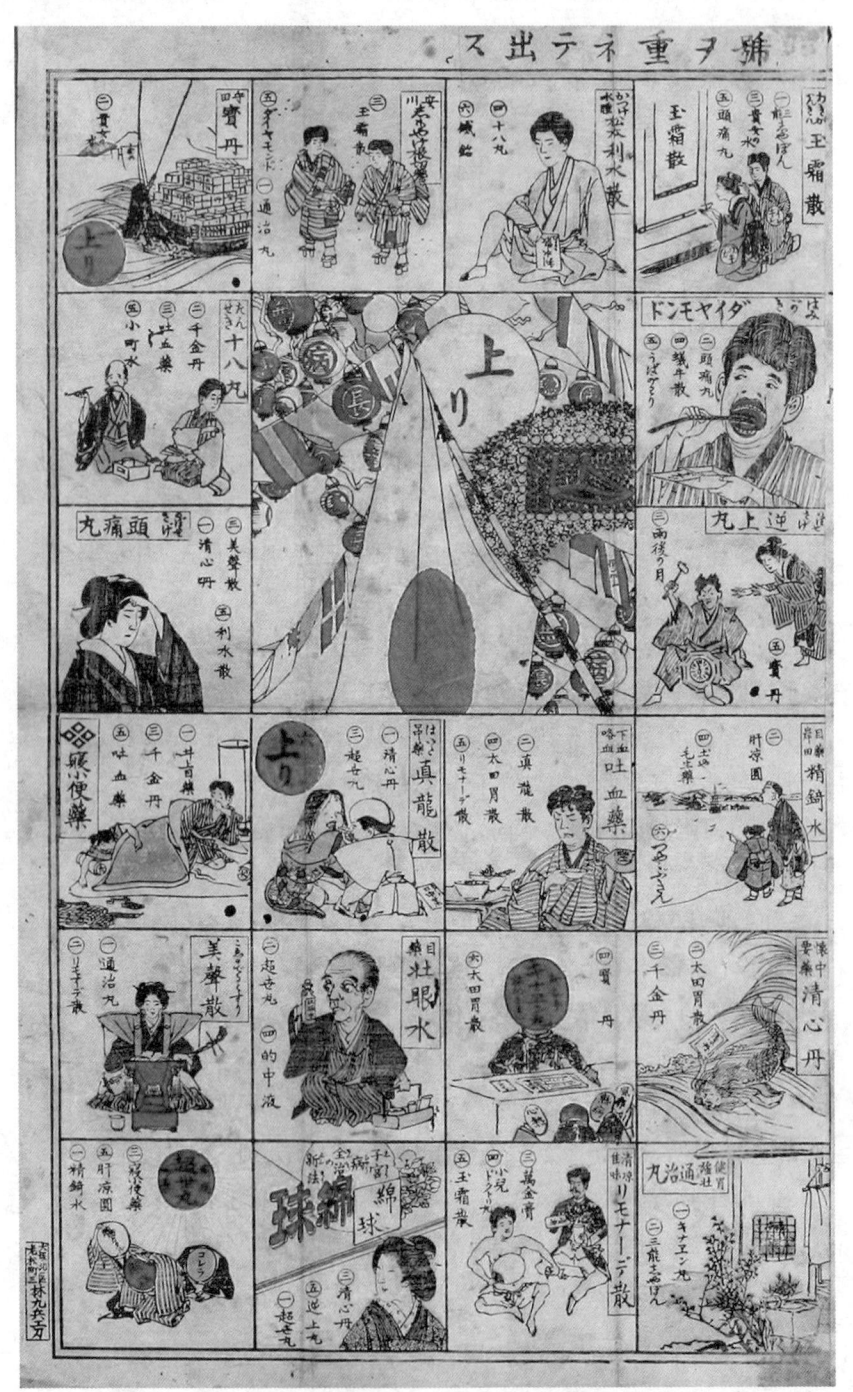

图3 （左）《卫生寿互录》左半部分，（右）《卫生寿互录》右半部分，早稻田大学图书馆藏

特約品中本表ニ漏レタル
非賣品
衛生壽五録
第壹號
編輯發行兼印刷者
太田源太郎
ドクトリ丸發行所
大阪四ツ橋西南詰南
本林丁子堂本店
有効改良賣藥大販賣所
大阪四ツ橋東南詰南
本林丁子堂商店
小兒藥王 肝涼圓
貴女の水
液中的藥庭
井上目藥
艶ら三能太やぼん
福井千金丹
萬金膏
太田胃散
平尾 小町水
蝸牛散
上り
土屋毛生藥
ドクトリ丸
ドクトリ丸
肝涼圓
土屋毛生藥
つやぶきん
綿球
萬金膏
丁子堂商店
振出し

特药品若本表遗漏则改版再登

［守田］宝丹	［安川］根治冻疮药	［松本］利水散	玉霜散	井上眼药	的中液	贵女水	［京］肝凉圆
十八丸	终点		钻石	［太田］胃散	［安川·延纸］万金膏	［福井］千金丹	三能香皂
头痛丸			逆上丸	铁饴	蚁牛散	［平尾］小町水	小儿解毒丸
尿床药	真龙散	吐血药	［岸田］精锜水	解毒丸	乳母替	土屋毛生药	艳布巾
美声散	壮眼水	规那丸	清心丹	美人鬘	起点		
超世丸	棉球	柠檬散	通治丸	雨后月			

图4 《卫生寿互录》的棋格配置

其他成药的附加说明，从左上起依次如下：

第一行："［松本］利水散"主治"脚气病、水肿"，"玉霜散"主治"狐臭、股癣"，"的中液"为"祛癖药"，"贵女水"为"皮肤药"，"［京］肝凉圆"为"小儿药"。
第二行："十八丸"主治"咳痰"，"钻石"为"牙膏"。
第三行："头痛丸""逆上丸"用于"降火"，"蚁牛散"为"耳聋药"，"小儿解毒丸"用来"下胎毒"。第四行："真龙散"为"牙痛漱口药"，"吐血药"主治"便血、咳血"，"［岸田］精锜水"为"眼药"，"乳母替"是"婴儿所需的牛奶"，"土屋毛生药"为"生发药"，"艳布巾"为"油抹布"。第五行："美声散"为"咽喉药"，"壮眼水"为"眼药"，"规那丸"用于"疟疾、解热、风邪、热病、伤寒、内热"，"清心丹"为"常备药"，"美人鬘"为"生发香油"。最下面的第六行："超世丸"为"痢疾特效药"主治"霍乱、痢疾、肠炎"，"棉球"用于"子宫病

第六章　近代、骰子、疫病体验——从明治时期的卫生双六看日常和传染病

治愈新法"，"柠檬散"为"清凉美品"，"通治丸"用于"健胃滋补"，"雨后月"用于"美白"。

未进行特别说明的成药，恐怕在当时早已家喻户晓了。例如，第一行左侧的"［守田］宝丹"，是达到"终点"的路径之一，也是1870年（明治三年）"成药管理规则"颁布后最先得到官方许可的药品。该药出自幕末至明治期间大力推广西洋医学的荷兰医生博杜恩之手，作为万能药，不仅东京的药铺有售，还于1877年（明治十年）霍乱流行时，作为霍乱的应急药物供西南战争的官兵使用。

从《卫生寿互录》看明治中期的疾病和成药

在一些人看来，该《卫生寿互录》也许只是大阪一药店为向顾客宣传店内的成药而制作的广告，但它也是一份认真琢磨了百姓疾病的药品销售策划书，因此也反映了明治中期疾病的情形。

首先，它涉及了发病的认识问题。《卫生寿互录》体现了疾病通常无前兆，大都突然而至的观念。无论生活作息如何，疾病说来就来。这是提倡"卫生"因果的《卫生寿护禄》所没有的疾病观。从"起点"开始，骰子的点数为③则脱发（土屋毛生药），①感染霍乱（守田宝丹），②治疗皮肤病（贵女水），⑥则尿床（尿床药），⑤再咳血（吐血药），②牙疼（真龙散），最后折腾到⑥"终点"。无论何病，救命的都是店内销售的成药。

其次，通过《卫生寿互录》还可瞥见疾病的本来面目

以及百姓对药效的从容态度。近世以来的病因论和治疗论避重就轻，在成药中找到了生存之路，或在疾病大类下按照症状配制成药（主治"脚气病、水肿"的〔松本〕利水散"，主治"狐臭、股癣"的"玉霜散"等），或将梅毒疮毒以及某些小儿疾病归为"毒"症，以"祛毒"为根本（解毒丸，小儿解毒丸）。然而"传染病"这一新兴概念，在这儿却被剔除了。梅毒、顽癣也好，霍乱、痢疾、伤寒等法定传染病也罢，全被纳入了成药的功效宣传之中。

三 《卫生寿语录》1903年（明治三十六年）

《卫生寿语录》的时代背景

最后让我们看一下制作于1903年（明治三十六年）的《卫生寿语录》[7]。明治30年代是传染病政策的过渡时期。国家关于卫生的大政方针发生了转变，从重点关注急性传染病扩展至多数传染病。

1880年（明治十三年），"传染病预防规则"制定后，国家将六种法定传染病纳入了日常监管的体制之内，希望做到早发现早控制。1897年（明治三十年）又将猩红热和鼠疫纳入法定传染病，构建起了以此八种传染病为重点的防御体制。或许是此举奏效，明治20年代以后，法定传染病的致死率一直被控制在较低的水平，占总死亡人数的比率也始终维持在个位数。

第六章 近代、骰子、疫病体验——从明治时期的卫生双六看日常和传染病

此外，明治30年代起，结核病和麻风病等慢性传染病也受到了国家的重视。特别是结核病，根据1899年（明治三十二年）的调查，该病导致的死亡人数接近总死亡人数的10%，为此政府分阶段采取对策。1904年（明治三十七年）制定了《肺结核预防的相关事宜》，1907年（明治四十年）又制定了《关于麻风病预防的相关事宜》，法律制度不断完善。

由此可知，《卫生寿语录》正制作于急性传染病对策快速发展的明治后期。和前面两个卫生双六相比，它又有怎样的特色呢？

《卫生寿语录》的概况

《卫生寿语录》是由6行5列共30个棋格组成的飞行双六（图5，6），副标题为"传染病预防指南"。作者和发行者为同一人，但具体信息不详，因受"传染病预防"的启发制作了此双六。

实际上，《卫生寿语录》棋子的移动方法非常现实。例如，到达终点共有六条路径，但并非条条通向幸福终点。"死亡［离开人世］"（［］为小注，以下同）、"运动［活动身体］""补品［养身之物］""贫穷［穷困潦倒］""清洁［收拾干净］""痊愈［疾病全好］"，都是经历传染病的后果。

各棋格骰子点数的设置有所偏重，反映了《卫生寿语录》的现实取向。只有从起点移至"①卫生座谈会 ②不洁

189

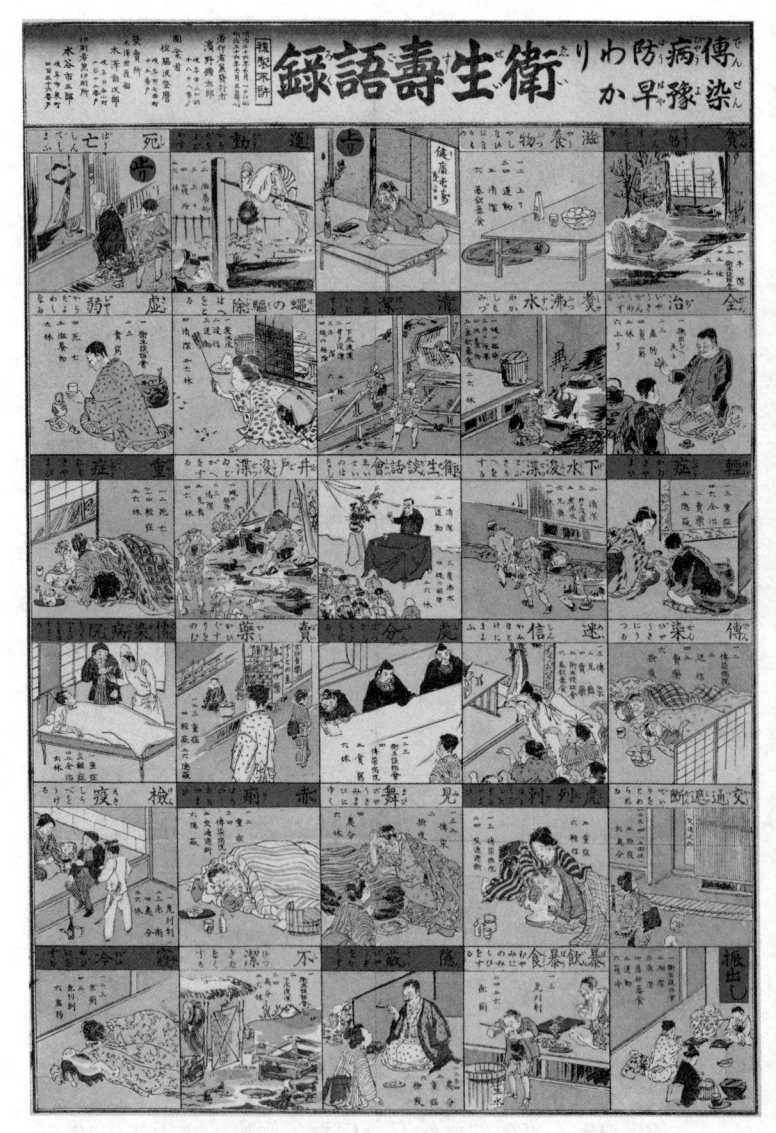

图 5 《卫生寿语录》全图，江户东京博物馆藏（东京都历史文化财团 Image Archives）

第六章　近代、骰子、疫病体验——从明治时期的卫生双六看日常和传染病

死亡	运动	终点	补品	贫穷
虚弱	驱除蚊蝇	清洁	开水	痊愈
重症	疏通水井	卫生谈话会	疏浚水道	轻症
传染病院	成药	处分	迷信	传染
检疫	痢疾	探病	霍乱	通行阻断
睡觉着凉	不洁	隐瞒	暴饮暴食	起点

图6　《卫生寿语录》的棋格配置图

③清洁 ④暴饮暴食 ⑤运动 ⑥睡觉着凉"的概率相同。但接下来，若进入"睡觉着凉"，格内指示"①②③痢疾 ④⑤霍乱 ⑥虚弱"，即有六分之五的概率患"痢疾"或"霍乱"，若进入"暴饮暴食［无节制地吃喝］"一格，根据"①③霍乱 ②④⑤⑥痢疾"的指示，则定会感染上述二病。《卫生寿护禄》中在卫生价值上被认为绝对好的"清洁"和"营养品"，在这里也有六分之一的概率行至"不洁"和"暴饮暴食"。

由此可见，《卫生寿语录》中展开的疫病体验要比《卫生寿护禄》更加现实和具体。然而在其复杂难料的棋格设置中，国家的"卫生"政策及相应行为，同因循守旧的非"卫生"行为之间的对比却非常明确。

如"处分［征收罚金］""检疫［接受检查］""通行阻断［禁止出入］""开水［煮沸的水］""疏通水井［淘井］""疏浚水道［清理沟渠］"等均属于前者。其中，如果行至"通行阻断"一格，骰子的点数是①②③④，均会被强制"休息3次"（停玩3次）。

至于后者，除了上述的"睡觉着凉""暴饮暴食"，"成药［服用成药］"也成了"卫生寿语录"攻击的对象。

服用成药后"①②③重症 ④轻症 ⑤⑥隐瞒",有一半的可能成为"重症",可见它有多不受待见。若进入有可能导致疫情扩散的"隐瞒［隐瞒病情］"一格,则对应"①②③④处分 ⑤重症 ⑥检疫",若来到"慰问［探访病人］"一格,则对应"①③⑤传染 ②检疫 ④处分 ⑥休",若行至"迷信［笃信神佛］"一格,则对应"①③传染 ②慰问 ④成药 ⑤卫生座谈会 ⑥暴饮暴食",以上均要被问责。这些行为违背了国家以及大日本私立卫生会的方针,必须通过检疫、处分,聆听卫生座谈会的报告加以改正。

从《卫生寿语录》看明治后期的疫病攻防战

明治后期,急性传染病的措施大致完备。或许正因如此,早已成为国民义务的"种痘"和初等教育机构并未出现于《卫生寿语录》之中。比起《卫生寿护禄》,该双六还设置了防止传染病来袭的卫生行动、卫生环境、卫生政策等素材。

只不过"卫生"关涉日常生活的方方面面,上情下达很难说改就变。《卫生寿语录》中"传染［传播疾病］"一格就暗示了这点。此格中根据骰子的点数分别对应"①②传染病院 ③迷信 ④⑤成药 ⑥检疫"。①②的"传染病院［治疗传染性疾病的地方］"又称"避病院",明治时期于各地兴建,用于法定传染病患者的隔离治疗。然而,住进传染病院的患者不仅多数病死其中,还不能像平时一样发丧,因此感染者"隐瞒"病情,擅自"购药",求神拜佛等现象屡见不鲜。此"传染"一格,一边是通过"检疫"将具有"传染"性的患者收入"传染病院"的官方,一边是希望病人留在身旁的民众,两者五五分成势均力敌。

结语——卫生双六中的疫病体验

本章以明治时期的三种卫生双六为例,分析了当时人们描述传染病(疫病)的方式。这三种卫生双六,无论从棋格的题材、设置还是移动方法上,皆不相同。其中,"传染病"的登场方式亦各不相同,或和滋生细菌的生活环境及不养生相关,或被整理为成药对应的病症,或作为国家管控的传播疾病。

我们很难据少数事例妄下结论。但同以"卫生双六"为题的绘双六竟有如此大的差异,这就告诉我们,明治时期的百姓身边充斥着各种各样有关"卫生"及"传染"的话题。在此层面上,卫生双六可谓一个非常巧妙的媒体。它在游戏的包装下融入了人们的日常生活,通过骰子的点数让人们一步一步地体验疫病。同时,还向人们宣传了卫生的行为规范以及成药的功效等。

注

(1)香西丰子:《21世纪的疫因论》,《现代思想》48-7,2020。

（2）依笔者管见，以"卫生"为题的双六，仅本章列举的三种。按照山本正胜的《绘双六一览》（收于《绘双六——成长与魅力》），这些均属于"文明开化双六"。

（3）本章关于双六历史及分类的表述，主要依据增川宏一的《双六》Ⅰ、Ⅱ（日本法政大学出版社，1995）及山本正胜的《绘双六——成长与魅力》（艺术草堂，2004）。

（4）青木半右卫门编《卫生寿护禄》（石川恒和，1884），笔者藏。

（5）太田源太郎：《卫生寿互录》，1892，早稻田大学图书馆藏（索书号：文库10 8483）。另外，关于《卫生寿互录》的制作年份，山本正胜的《绘双六一览》中记为1879年（明治十二年）。他所藏的版本和本章使用的早稻田大学图书馆收藏的版本，绘制者和发行者并无二致，因此很有可能是同一版本早前增印的流入了市场。

（6）本章有关药学史的表述主要参考了日本药史学会编撰的《药学史事典》（药事日报社，2016）。

（7）滨野钟太郎：《卫生寿语录》，1903，江户东京博物馆藏（资料编号：99200291）。

参考文献

厚生省医务局编《医制百年史》资料篇，行政，1976。

第七章
鲶绘与江户的大众文化

小松和彦

一　"鲶绘"为何物？

地震中的通俗小说家

江户末期的安政二年（1855年）十月二日晚，江户遭受了6.9级的直下形地震，这次地震的破坏程度极大，造成约10000人死亡，约15000间房屋倒塌。[1]

对于经历过阪神大地震以及东日本大地震、大海啸的我们来说，其惨状不难想象。无处不是因剧烈摇晃而倒塌的房屋，因地震熊熊燃烧的烈火。有人压在废墟之下，有人死于大火之中，还有人逃到屋外，九死一生却心有余悸，还有人从废墟中翻出门窗、榻榻米，搭建临时的御寒之所，震后的万象仍历历在目。

当时，销售"读卖瓦版"（相当于今天的报纸）的人员（报社）虽也遭遇了地震，却第一时间找到有名无名的画师、小说家，让他们描绘出地震的惨状和震后百姓的生活样态，通过这些表达百姓心情的印刷品来获取人气。这就是今日被称为"鲶绘"或"地震鲶绘"的印刷物。这种印刷物多基于以下俗信，绘有各种创意的鲶鱼怪，因此而得名。

根据当时广为流传的俗信，地震乃地下鲶鱼怪乱动所起，虽常陆国之鹿岛神（鹿岛大明神）用要石①压制，但鲶鱼趁鹿岛大神疏忽之际乱蹦乱跳，结果引发了此次地震。

1847年（弘化四年）善光寺大地震时鲶绘便已问世，但直到安政二年江户大地震时鲶绘的种类才多了起来。鲶绘是如何获得人气的呢？通过鲶绘的制作者，同时也是知名小说家的假名垣鲁文便可知一二。他的弟子野崎左文将这一情景记录在了鲁文的传记《假名反古》(2)之中，我们借此稍探究竟。

地震发生时，鲁文嫌冷正躲在被窝看书。忽然地动山摇，传来雷鸣般的巨响，他赶紧往外逃，结果通往二楼的大号梯子连同土墙倒了下来，鲁文被压在下面难以动弹。妻子碰巧去井边淘米，跑回来拼尽全力搬起梯子，鲁文才爬了出来，幸好并无大碍，于是在屋外过了一夜。

喜欢挑灯夜读的流行作家鲁文都是这般模样，多数早已酣睡的町人，恐怕不是被压在倒塌的房屋之下，就是光着身子跑到寒冷的户外，唯有祈求地震赶快结束吧。

然而，动作最快的当属"际物师"②。次日清晨，一个出版商就找上门来，希望他以地震为题为锦绘写一篇跋文。于是，鲁文就在摊儿前（鲁文遭灾的房屋）以"鲶之老松"为题写了一篇跋文。碰巧河锅晓斋到访此店，鲁文便给他看了草稿，让他画了出来，结果顷刻售出。据说这幅锦绘备受好评，销售了数千张，于是其他出版商也纷纷前

① 茨城县鹿岛神宫内的神石，据说可压制地震。——译者注

② 善于抓住时机，迎合时尚进行创造的人。——译者注

来约稿，几天工夫，鲁文便画了二三十幅以地震为主题的稿子，结果幅幅畅销，他也没想到因为"鲶鱼"还发了笔小财，因此万分欣喜。

鲶绘热

虽多少有些夸张，但鲶绘备受好评一事却毋庸置疑，鲁文一个人就卖了几万，甚至十万幅，其他有名无名的作家紧随其后创作的鲶绘恐怕也少不了吧。如此说来，江户城的鲶绘应该难以计数。

北原糸子从社会史的角度对鲶绘诞生的情况做了详细的考察。她指出，除了《假名反古》中提到的《鲶之老松》和《雨中萧萧瑟，一时宿街头》两幅鲶绘，《鲶大家破烧》《鲶太平记混杂》《地震驱邪》等草稿也都出自鲁文之手。[3]

熟知江户出版文化的今田洋三指出，一个月后的十一月二日，幕府严禁销售包括鲶绘在内的地震印刷物，然而此时市面上的印刷品已超过400种，虽明令禁止，但之后的几个月鲶绘的创作、销售却从未中断，[4] 可见此类印刷品是何等受人喜爱。那么，鲶绘为何被严禁销售呢？究其原因，与其说是抨击幕府政治，煽动不安情绪，不如说是无证经营。对出版商和瓦版屋来说，当下就是商机，所以根本等不及许可下来。可以说，他们做好了被捕的准备，在玩命售卖。

其实根据《假名反古》，鲁文和名为一笔斋英寿的画匠一起编撰发行过记录安政地震情况的《安政见闻志》，由于没有幕府的出版许可，出版人和英寿双双被捕。幸运的是，虽然题跋大都由鲁文撰写，但他却因未加署名逃过了此劫。[5]

关于鲶绘的研究，除科尼利厄斯·欧威汉德（Cornelius Ouwehand）的《鲶绘——民俗想象力的世界》[6]，还有气谷诚的《鲶绘新考》[7]，宫田登、高田卫监修的《鲶绘——震灾与日本文化》[8]，北原糸子的《地震的社会史——安政大地震与民众》[9]，若水俊的《江户子气质与鲶绘》[10]等，本文在上述研究的基础上，试图解读鲶绘创作的"志趣"（创意），窥视江户百姓甘之如饴的大众文化一隅。另外，下述鲶绘的跋文主要源自刊登于《鲶绘——震灾与日本文化》卷末的《鲶绘总目录》（翻刻版）。有些鲶绘既没有画题也没有跋文，临时附加的画题也全凭此书，笔者用圆括号加以标识。

二 要石·鹿岛神·鲶鱼

鲶绘的三大要素

"要石""鹿岛神""鲶鱼"是鲶绘中常见的基本要素。鹿岛神和要石具有防止地震的功能，恰好说明了鲶鱼拥有引发地震的神力。

那么，江户民众人人皆知的这三大要素，究竟是何时结合在一起的呢？

"要石"的观念源自古代的石神信仰，借佛教教理论强化后得以成型。黑田日出男认为，"要石"来自佛教所说大地底层"金刚轮际"所生的"高大金刚宝石"，是支撑大地之石。[11]

此物如柱，从地底向上延伸，露出地面的部分，被称作"要石"，受人崇拜。宗教学称之为"世界轴"，相当于"大地之脐"。此"金刚宝石"存在的地点，正是自中世便闻名遐迩的"竹生岛""鹿岛"。

在亚洲，广泛流传着陆地被巨型龙蛇、鱼所盘踞或支撑的说法，[12] 据说龙蛇、鱼一动就会引发地震。平安时代这种传说传入日本，变成了龙蛇盘踞或支撑以"世界之脐"为中心的日本列岛这一观念。金泽文库本的《日本图》以及创作于1624年（宽永元年）的《大日本国地震图》均讲述了这一观念。颇为有趣的是，《大日本国地震图》中，龙蛇在常陆国的正上方，咬住了自己的尾巴，而尾梢是一把剑，刺穿了头颅，一旁则写着"要石"二字。换句话说，这幅图中"鹿岛神"的刀剑即为要石，以此压制着盘踞在日本列岛周围的龙蛇。

此外，文字的旁白处写着"你再摇，要石也不掉，鹿岛神，怎容你乱闹"的地震咒语，时至今日仍广为人知。黑田日出男指出，该咒语于公家日记《言经卿记》文禄五年（1596年）闰七月十五日条中便有记载。[13] 由此可见，鹿岛要石压制地震的信仰可追溯至中世。

登场的"地震鲶"乃盘踞日本之龙蛇的变体或代替物。图1是安政大地震后描绘日本列岛的受灾情况的瓦版

鲶鱼之怒：日本大众文化中的天灾·疫病·怪异

图1 《地震之辨》，东京大学地震研究所藏

地图，其上依然是"大蛇"（龙蛇）盘踞岛国。据冈田芳朗推测，龙蛇转变为鲶鱼大概始于17世纪后半叶。[14] 1667年（宽文五年）刊行的《尘滴问答》中已有"鹿岛大明神，要石击打盘踞日本大鲶鱼"之语句。不过，稍早一点的1645年（正保二年）出版的俳谐论集《毛吹草》也提到了"鹿岛"为"地震"之付句③，"竹生岛"为"鲶"之付句。而其后1676年（延宝四年）的付合语集《类船集》亦提到"地震""竹生岛"为"鲶鱼"之对句。[15] 考虑到竹生岛和鹿岛自中世起因要石信仰广为人知，或许自中世末期，鲶鱼才慢慢同地震结合，龙蛇才逐渐向鲶鱼转变。

需注意的是，虽然鹿岛神、要石、地震鲶鱼的组合观

③ 连歌、俳谐中，接对前句的句子。参《日本大众文化史》"座的文艺"一节。——译者注

念被广泛接受，但根据宫田登的研究，18 世纪前半叶，江户近郊的鲶鱼因大雨和洪水大量涌入江户川，自此江户百姓才见到了真实的鲶鱼。(16)

百姓身边的题材

鲶绘的诞生离不开"大津绘"的影响。大津绘是江户时代东海道大津宿售卖的纪念品，曾驰名全国，最初以佛画为主，后来题材有所增加，最后固定为"藤娘"（良缘）、"鬼的寒念佛"（小儿夜啼）、"雷公"（避雷）、"弁庆"（避火灾）、"外法大黑"（无病长寿）等经典主题，人称"大津绘十种"，其中之一就是描绘猴子用葫芦按住鲶鱼的滑稽作品"瓢箪鲶"（防溺水）。大津绘的主题也被歌舞伎等吸纳并改编成了曲子（大津绘调）和舞蹈（"藤娘"等），传至街头巷尾。(17)

在此背景下，鹿岛信仰和地震鲶鱼对江户百姓而言可谓尽人皆知。按此想法再来审视鲶绘我们就会发现，江户百姓日常享受的生活文化和风俗、当时流行于江户的各式娱乐文化，在鲶绘中均有所体现。正因为是平日最熟悉的鲶鱼，虽绘于画中，却也以万千姿态出现在了震后江户的大街小巷。

如上所述，鲶绘的先驱作品取材自善光寺地震。目前仅发现数种，如署名为歌川国辉的鲶绘《大地震　定是信州善光寺》，描绘了善光寺的"阿弥陀如来"④同貌似妓女的女性正在责骂引发地震之"鲶男"的画面，而另一幅同

④ 中国亦称"阿弥陀佛"。——译者注

样署名国辉的鲶绘《Kawari拳》（图2），也描绘了"阿弥陀如来"揪着鲶男的胡子同与"鲶男"划拳的妓女大声叱责于它的情景。

换言之，善光寺大地震时鲶绘中"阿弥陀如来"扮演的角色，到了江户大地震时换作了"鹿岛神"。江户的旧

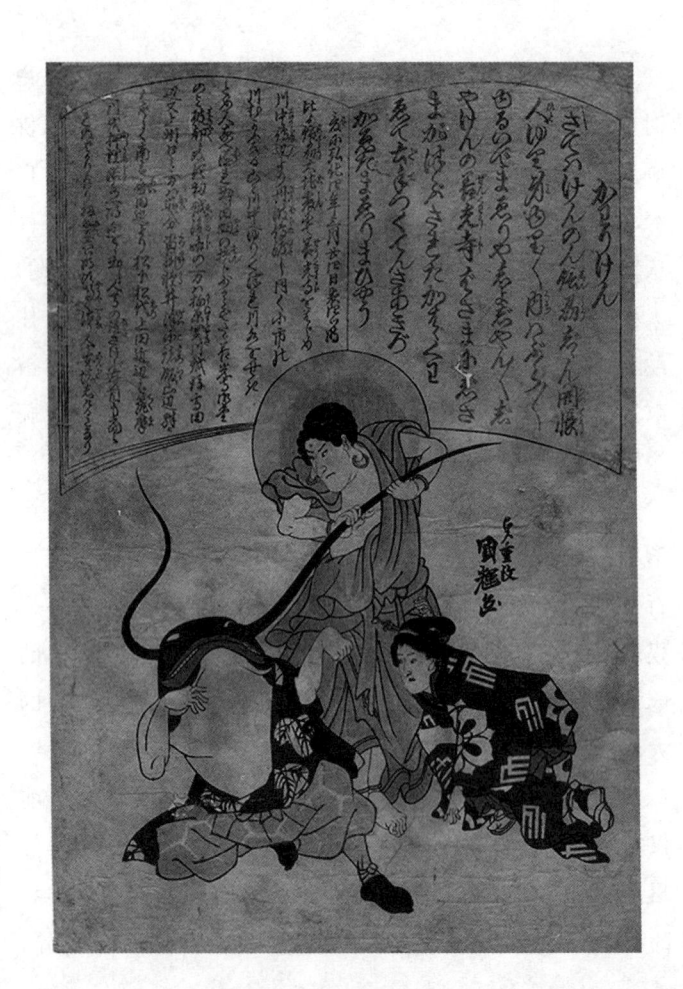

图2 《Kawari拳》，国际日本文化研究中心藏

书商须藤由藏撰写的《藤冈屋日记》最能表现当时世间百态，该日记收录了以善光寺地震等近些年发生的地震为素材创作的《怪风状》（大鲶事），其中地震鲶被"瓢箪所"（裁判所）定罪后，"交由常陆神看管，打入地狱不得外出"[18]。在江户百姓看来，鲶鱼钻了"鹿岛神"的空子，才导致了善光寺地震的发生。

日月流转，时至黑船驶入浦贺港的1853年（嘉永六年），歌川国芳创作的《浮世又平大津绘之猜谜画》大获好评，此事亦记于《藤冈屋日记》之中。有人认为此画主题乃"撼动日本国的外国大鲶鱼，以神国之鹿岛要石压制……用葫芦按住撼动日本的外国人，滑溜溜的也得用葫芦对付鲶鱼"[19]。这里地震=大鲶鱼，应以鹿岛神=要石压制，另外，黑船（外国人）也被比作了地震=大鲶鱼。由此可知，地震鲶（鲶鱼怪）在当时备受关注。

更有意思的是，葫芦竟成了要石的替代物，成了压制鲶鱼的武器。表面滑溜溜的圆葫芦怎能按住同样滑溜溜的鲶鱼呢？面对此问，我不禁想起了"禅问答"公案中的"葫芦和鲶鱼"以及"大津绘"中的"葫芦鲶鱼"。[20]

三 鲶绘描绘的震后百态

鲶绘的类型

经过鲶绘的草创期，安政二年江户大地震后，鲶绘迎来了鼎盛期。

需要特别注意的是，鲶绘的画师和写手均为江户百姓（町人），他们理解江户百姓的心声，选择百姓喜闻乐见的"主题"，用当时的语言来说即"趣向"，以便让百姓一看便懂、一读即通。因此，我们看到的不是武士等支配阶层的灾后生活，而是江户百姓的灾后生活，换句话说即"江户的生活文化""江户的大众文化"。

鲶绘数量众多，主题错综复杂，想抓住其图案及主旨的特征绝非易事，根据富泽达三的研究，大致呈现以下倾向。[21]

当余震未歇，人们处于恐慌之时，市面就会出现希望地震赶快过去的"鲶绘护身符"，当余震停止，人们进行灾后复兴时，有人借此商机发家致富，为此地震鲶鱼也成了"福神"甚至是"世直神"⑤。

⑤ 改变社会现状、扭转乾坤的神明。——译者注

按此观点，鲶绘大致可分为以下四种类型。

第一类，描绘地震的惨状和百姓被迫露宿街头的情形，以及房屋倒塌、四处起火，祭奠死者的场景。不过，此类画中有些并未出现鲶鱼。例如《地震后野宿图》（图3），乍一看仅描绘了地震后露宿街头或临时窝棚的景象，不过定睛观看，灯笼上却写着"鹿岛明神""要屋""瓢箪屋"这些与地震鲶有关的文字。

震后问世的印刷品中，有些"读卖瓦版"并未刻意关注地震鲶，而是将重点放在了传递受灾情况这一新闻属性之上。如《吉原地震烧亡之图》（图4）等当属此类。这些

第七章 鲶绘与江户的大众文化

图3 《地震后野宿图》，日本国立国会图书馆藏

图4 《吉原地震烧亡之图》，东京大学图书馆藏

亦可作为鲇绘的相关资料。

　　第二类，描绘鹿岛神或要石压制鲇鱼怪，愤怒至极的市民教训大鲇鱼，以及人们烹饪大鲇鱼的画面。[22] 鲇绘中此类图案非常之多。如《心欢喜！大安吉日扭转乾坤》（图5）和《江户前蒲烧鲇大火场烧》（图6）就属于此类。大概此类鲇绘的目的就在于缓解余震中人们的恐慌，安抚人们失去至亲、流离失所的悲伤，排解胸中对地震的怒气吧。虽说这些画均与"防震之神"的鹿岛信仰和要石信仰有关，但百姓并非笃信鹿岛神和要石，只是将其当作一种民间说法，随意构入了图中吧。

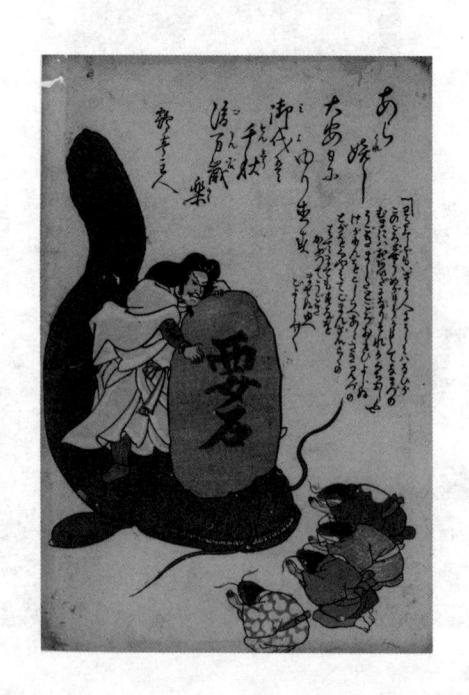

图5 《心欢喜！大安吉日扭转乾坤》，国际日本文化研究中心藏

第七章 鲶绘与江户的大众文化

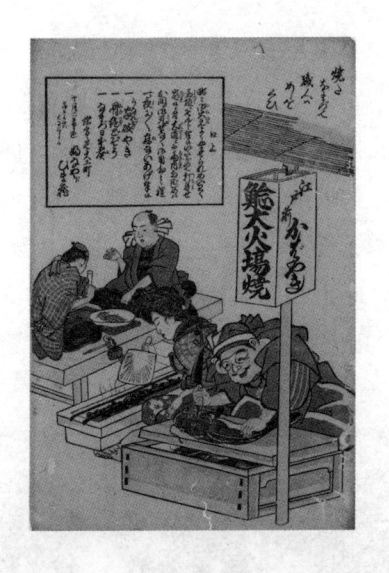

图6 《江户前蒲烧鲶大火场烧》，国际日本文化研究中心藏

有人将地震看作灾难，也有人将地震看作幸运。第三类鲶绘聚焦的正是两者的对照。如《持丸宝出船》（图7）和《持〇富翁》（图8）就属此类。

图7 《持丸宝出船》，东京大学图书馆藏

209

灾后复兴需要消耗大量的钱财、商品。幕府、武士、神社、寺庙、富裕町人对受灾者的"施舍"和"救济",让聚集于富裕阶层和支配阶层的财富外流,同时也激活了经济。另外,倒塌或烧毁房屋的重建,也让木匠、瓦匠等从事建筑建材行业的人们发了一笔横财。鲶鱼怪让"持丸"(富人)吐出金币,工匠们争抢金币的画面以及在饭店宴请鲶男的画面,说明有些人的确受了地震的恩惠。

图8 《持○富翁》,国际日本文化研究中心藏

第七章　鲶绘与江户的大众文化

　　第四类，描绘的是随着余震的平息、复兴的推进，人们期待回归至地震前的太平盛世，或者委婉地表现了人们希望以地震为契机使世间一新的"世直"心情。例如，此类鲶绘的跋文中零星可见"钻了神的空子，鲶鱼欢腾不止，残局好好收拾，世直、世直、重建""引起骚乱的鲶鱼啊，五花大绑鹿岛来。接着好事来、这里那里金银来""世直、世间、好、好、好"等文字。《世直鲶之情》（图9）、《立即复原世间》（图10）便属于此种鲶绘。

图9　《世直鲶之情》，日本国立国会图书馆藏

211

图10 《立即复原世间》,国际日本文化研究中心藏

　　已有多人指出,这种扭转世间的意识,是以资金流动因地震好转,有望回到太平盛世,即对现状肯定为前提的戏言,并非推倒幕府、建设新政治及社会体制的社会变革。不过,随着黑船来航、天灾人祸、贫富悬殊等问题的出现,社会愈加动荡不安,此时希望社会从根儿上发生"世直"(扭转)的想法也确实在百姓中悄然萌生。

　　鲶绘的确反映了地震之后的世间百态,但仍有许多主题并未被纳入以上类别。还有些取材自歌舞伎的经典桥段和"街头表演""拉脖子比赛"(图11),"流行歌曲""相扑""划拳"以及正月、节分的"年中行事"(图12)等当时的大众娱乐、民间信仰、仪式活动。这些大概是混乱平息,复兴伊始创作的作品吧。而本章笔者想讨论的正是这种表现江户时期大众文化的鲶绘。

第七章 鲶绘与江户的大众文化

图11 《无题》(鲶鱼和鹿岛大明神的拉脖子比赛），国际日本文化研究中心藏

图12 《赶走地震火灾》，国际日本文化研究中心藏

四　鲶绘主题和大众文化

解读鲶绘的背景知识

鲶绘之所以能博得人气，其新闻性自不必说，图案和跋文中富含的娱乐性和滑稽性也功不可没，它们依据震后百姓的社会状况，构成了近世百姓文化的根基。也就是说，鲶绘的创作者读懂了地震之后江户百姓的欲求，同时也想方设法地满足了他们的需求。出版商、画匠、通俗小说家们成了"百姓欲求的代办人"，并促成了这桩买卖，他们没太想着如何去启蒙百姓，而是将心思都花在了如何获得好评、打开销路之上。因此，主题和跋文均采用了引人注目的"趣向"，偶尔才掺杂些对政治和社会的批判。

从某种意义上来说，鲶绘和今天的照片拥有相似的属性。有些鲶绘，只要一眼就能够明白它的创意，即它所描绘的光景、人物以及趣味之所在。然而，一眼就看穿其趣味所在的鲶绘其实并不多。有些读了上面的跋文也很难理解。这些创意虽然和今天的我们没太大关系，但对于当时的普通百姓来说却是尽人皆知的常识和司空见惯的光景及生活样式。

不言而喻，"鹿岛神"和"要石"在各类主题中占绝大多数，其次则是"歌舞伎"，这也说明歌舞伎在当时是最受江户百姓喜爱的大众娱乐文化。换句话说，多数鲶绘

第七章 鲶绘与江户的大众文化

都模仿了歌舞伎广为人知的经典桥段或台词。时至今日，歌舞伎依然是人气颇高的传统表演艺术，因此有些主题很容易被现代人猜中，但有些主题却只有精通歌舞伎之人才能看懂。

再接下来是"葫芦鲶""地震护身符""流行歌曲""划拳""海报""大黑天等财神、宝船"等主题。如上所述，"葫芦鲶"即用表面光滑的葫芦压制身体溜滑的鲶鱼，通过这一妇孺皆知的题材来暗喻地震鲶。"地震护身符"模仿了各式各样贴于家门口的"除厄符"（护身符）。当时的"流行歌曲"多为地方小曲，进入江户后从花街柳巷传到了百姓身边。"海报"是商家的招牌和广告。"大黑天等财神、宝船"讲述的是复兴景象，大概是快到正月才采用的主题吧。

江户时代严禁用草纸、锦绘等实名讲述或描绘幕府统治下发生的政治事件，另外由于闭关锁国几乎没有从海外传来的知识，因此对蓄积至江户时代的文化想方设法进行改造的倾向十分强烈。此外，当时没有今天所谓的版权、著作权等，从其他作品中引用、借用乃家常便饭。借用本系列丛书第一卷《日本大众文化史》的话来说，"二次创作""三次创作"都极其自由。[23]⑥ 当然，鲶绘也反映了这一情况，市面上鲶绘的图案和跋文之所以很相似，正是因为大家都模仿或借用高人气的歌舞伎、流行歌、游艺，甚至是热门的鲶绘图案和跋文。下面，仅举几列以说明。

⑥ 参《日本大众文化史》第三章。——中译本编按

215

从歌舞伎的经典桥段到鲶绘

取材自歌舞伎的鲶绘作品中，有些构图就借用了歌舞伎的经典桥段。例如《圣代要石治　万岁乐独白》（图13）《雨中萧萧瑟，一时宿街头》《四民不动础　吉例暂》等，都取材自市川团十郎十八种剧目之一的《暂（且慢）》，该剧在有"歌舞伎正月"之称的十一月举行的"颜见世[7]兴行"中是必不可少的曲目。

细看其中之一的《圣代要石治　万岁乐独白》，画中并没有出现鲶鱼怪。倘若不说它亦属此类，或许我们很难看出它是安政二年地震之后的鲶绘吧。但对当时的江户百姓来说，应该是无人不知、无人不晓。

[7] "颜见世"字面意为"初次见面"，是歌舞伎演员年末的首次亮相活动，起源于江户时代。——译者注

图13　《圣代要石治　万岁乐独白》，国际日本文化研究中心藏

第七章　鲶绘与江户的大众文化

元禄十年（1697年）一月《参会名护屋》于江户的中村座首演，"暂"是该剧最后一幕中的场面。由于该场面备受好评，单独成剧，于是每年都会在十一月固定举行的全班公演中上演。了解歌舞伎的人应该没有不知道这一名剧目的吧。

该剧内容简单，反面人物命令家臣杀掉不服从者，就在这千钧之际，正面人物英姿飒爽的镰仓权五郎景政大喝一声"且慢"，从花道登场战胜了反面人物，解救了众人。若亲临现场，定会明白荒事歌舞伎的精髓就在于此。该剧很快俘获了江户百姓之心，浮世绘画师也纷纷将剧中名角儿和经典场面画进了锦绘。图14就是其中一幅。

图14　歌川国贞，《八代目市川团十郎　暂　花道独白图》，早稻田大学演剧博物馆藏

所谓"独白"就是权五郎在花道上高声喊喝的"歌舞伎之华,响彻天地乾坤,四夷八荒之隅"等难以理解的台词,不管台词好不好懂,他的雄辩之才确实令人折服。而该鲶绘的题跋就模仿了这一"独白"的台词,并将地震之事编入其中。虽容易忽视,但应注意的是题跋中的文字采用了歌舞伎等招牌中常见的勘亭流体[8]。虽文字较多,仍在此引用全文:

> 东西南北,四夷八荒,天地乾坤,无处不晃。远处之人,请据传信,近处之人,听我来讲,眼中噙泪。神明外出,趁此时机,摇动屋房,晃动社庙,天崩地裂,坠落地狱,哀嚎一片,露宿街头,身心苦楚,五色之雨,泪成笔迹,地震之歌,如此这般,身披黄袍,腰挎大刀,一人登场,号成田屋,衣装华丽,威风凛凛,称鹿岛要之助石座神童南赡部台,长尾混账,鲶鱼和尚,十月二日,按照惯例,迫近公演,从今往后,苇原中国,坚若磐石,千秋万代,你若再犯,抽筋拔骨,烟熏火烤,送入人口,牢记勿忘!

题跋的内容大致如下,神明前往出云的农历十月(神无月),鲶鱼于地下引发地震,结果房倒屋塌,天崩地裂,有人丧命,有人无家可归,露宿街头。这时,身披土黄素袍、腰挎大刀的成田屋(让人想到市川团十郎)登场,他自称"鹿岛要之助石座"(此处模仿"镰仓权五郎""鹿岛神+要石"),面对引起地震的混账东西("戏剧中的鲶

[8] 江户时代设计的一种独特字体,最初应用于歌舞伎剧场的招牌与节目表设计。——译者注

鱼和尚"本就是戏仿"地震鲶",而此处的"地震鲶"又在"鲶鱼和尚"的基础上进行了戏仿),告诉它要石会被踏得固若磐石,皇国千秋万代不会摇动。如果今后再引发地震扰乱世间,就将它烤了给百姓吃。

总之,该鲶绘借用了《暂(且慢)》的场面和台词,左前方是被比作"镰仓权五郎"的鹿岛神(奢华的衣服两侧写有"鹿岛"二字),再度制服了比作戏剧中"鲶鱼和尚"的"地震鲶"(和尚的衣服上印有暗示葫芦鲶的"瓢箪"花纹)。作者采用这类"比拟"和"模仿"的手法,表达了人们对地震的愤怒以及对平安的期盼。

风靡一时的"划拳"

再举一例。如上所述,歌舞伎成了江户大众文化创作的主流,备受好评的表演、场面、歌曲等化作种种潮流在百姓之间浸透。当时"划拳"风靡坊间,因此市面上也出现了许多描绘这一场景的锦绘,而这一潮流也深受歌舞伎的影响。

"猜拳"(划拳游戏)于18世纪的江户极其流行,乃用手和身体相互牵制对方来决定输赢的游戏,今天的"猜拳""棒球拳"依然留有昔日的身影。根据塞普·林哈尔(Sepp Linhart)的研究,弘化四年一月十二日江户的河原崎座上演了《饰驹会我通双六》,其中第四幕的净琉璃便是"笑门俄七福"这一猜拳游戏,结果好评如潮备受追捧。该净琉璃中的划拳游戏称为"Toteturu拳",源自三弦

"Toteturuten"的拟声语。[24]

《藤冈屋日记》中对当时的人气情形记录如下:"近日,Toteturu拳之狂言于猿若町河原崎人气颇高,观者多如赏樱之时,即便老弱妇孺,若不知此拳,亦觉汗颜,出十六文,购Toteturu拳宝典,来来往往皆不忘练此拳。"[25] 一想到人们外出赏花时还痴迷划拳的情景,就令人发笑。

"划拳"在输赢之前要喊酒令,就像小孩划拳时唱的"三二一、来来来、庙里的和尚种南瓜、发了芽、变大大、开了花、石头剪刀布",棒球拳时唱的"打棒球啊,这么做啊……",等等。例如,图15是歌川国芳取材自划拳游戏的讽刺画《小丑划拳》,描绘了拟人化的"老虎""狐狸""青蛙"三人正在猜拳的场面。该画还附有"喝老酒,划拳酒,种类有:青蛙跳,三跳跳,小蛇儿,滑溜溜,鼻涕虫,也来到;猜猜猜,和藤内,被老妈,一顿骂,大老虎,叫哇哇,小狐狸,快来吧"的酒令。

该酒令涉及三种划拳游戏,即被称为"虫拳"的"青蛙""蛇""蛞蝓"三生相杀组,被称为"虎拳"的"和藤内""和藤内老妈""老虎"三生相杀组以及被称为"狐拳"的"狐狸""猎人""村长"三生相杀组。虫拳用右手的大拇指代表"青蛙",小拇指代表"蛞蝓",食指代表"蛇","青蛙"克"蛞蝓","蛞蝓"克"蛇","蛇"克"青蛙"。"虎拳"中"老虎"克"老妈","老妈"克"和藤内","和藤内"克"老虎"。"狐拳"的"枪(猎人)"克"狐狸","狐狸"克"村长","村长"克"枪"。

第七章 鲶绘与江户的大众文化

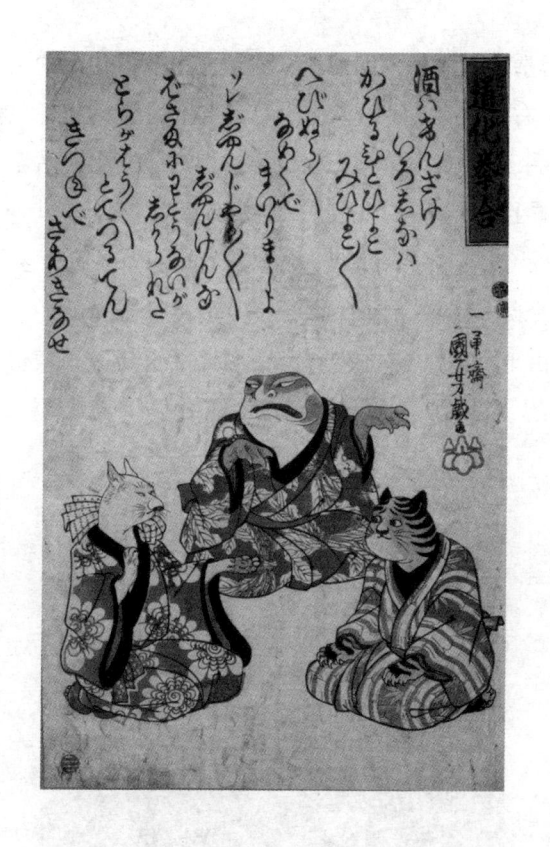

图15 歌川国芳，《小丑划拳》，东京都立中央图书馆特别文库室藏

当时盛行"狐拳"，上述《小丑划拳》的讽刺画画的正是"狐拳"的动作。狐狸掌心向上，两手向前，表示持"枪"，青蛙举双手至耳部表示"狐狸"，老虎双手放于膝盖表示"村长"。

言归正传，鲶绘中亦有许多以"划拳"为主题。例如，《地震拳》《世直拳》《三职世直拳》等主题鲶绘就是典型的例子。上述弘化四年善光寺地震时的鲶绘"Kawari拳"中也画有妓女和鲶男吃酒划拳的情形。[26] 再看名为

221

《地震拳》(图16)的鲶绘,右后方的鲶男比划的是"狐狸",右前方的人(拟人化的"火灾")比划的是"枪",而对手(拟人化的"雷")比划的则是"村长"。左后方的男性看上去应该是"裁判",但如果上述三者分别代表"地震""火灾""雷"的话,那么此人代表的应该是"老爹"[9]。也就是说,这幅鲶绘效仿的正是当时流行的"狐拳"。

由于图案和题跋成对出现,在此也介绍一下模仿"狐拳"的《地震拳》的跋文(划拳酒令):

[9] 在日本,地震、火灾、雷、老爹被称为四大恐怖之事。——译者注

图16 《地震拳》,国际日本文化研究中心藏

第七章　鲶绘与江户的大众文化

这个大地震，房子摇啊摇，许多人儿啊，慌张四处逃。

碎墙烂瓦下，爹骂儿又叫，总算爬出来，快往这边跑。

火光四处起，逃命如蛙跳，房屋又在摇，还得接着逃。(合)

爷爷牵奶手，一路狂奔走，藏身在何处，登船上小舟。

大雨倾盆下，电闪雷不休，身如落汤鸡，焉能宿街头。

如此真够受，乱成一锅粥，匠人涨工钱，挨骂是自找，

世间渐恢复，赚钱揣腰包。

该题跋模仿的是狐拳酒令，讲述了地震之后的惨状和世态，又在结尾处表达了人们对"慢慢回归太平盛世"的期盼。此外，跋中还暗藏着"世上四大怕"，即"地震、火灾、雷、老爹"。

流行歌谣的借用

再来看看借当时的"流行歌谣"进行创作的例子。当时江户的百姓很喜欢"伊势音头""潮来节""Yosiko 节""都都逸"等歌词较短的小曲以及"Chobokure""Chongare"

223

"数数歌""口说节"等讲述事情原委的曲子,这些大都改编自地方小曲,后广为流行。[27]

其最大的改编、传播之源当属歌舞伎和净琉璃等戏剧,这些"流行歌谣"被歌舞伎、净琉璃、曲艺场、酒席等采用后,从这里传播开来,到达百姓身边。鲶绘的图案、主题、跋文等也反映了当时流行的音曲、俗曲以及艺人们演唱的情形。例如,从描绘鲶男同艺妓跳舞玩乐的《大津(溃)节》(图17)及《老鲶》(图18)中便可以窥见这些元素。

"大津绘节"的原曲乃大津驿站的艺妓们咏唱大津绘各种主题的"大津绘尽",传入江户后被改编成了"役者

图17 《大津(溃)节》,东京大学地震研究所藏

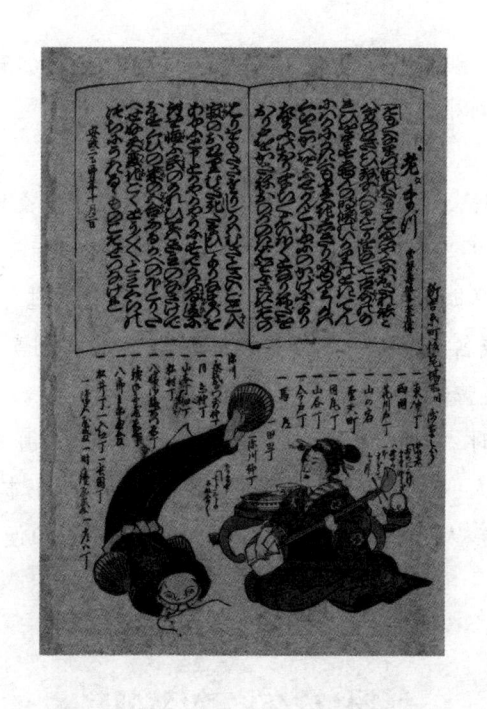

图18 《老鲶》，国际日本文化研究中心藏

尽""两国（景色）尽"等各种"物尽"⑩，甚至还被改编成了"口述"式的歌词。图17中的跋文便模仿自"大津绘节"的歌词（主题）：

⑩ 数落一遍此类物品，类似于报菜名。——译者注

　　房倒啦屋塌啦，四处都起火啦，花街的美女啊，变成了寂寞花，
　　草鞋啊高高啊，仓库的房檐啊，全都在颤抖呐，土堆得高高哒。
　　原木板直接卖，赚钱啊真是快，工匠们加速干，差不多就算完，

225

卖艺的四处转，好歹啊混口饭，富翁啊在施舍，若到那就好办。

此外，还有一个和歌舞伎同样重要的信息文化媒体，那就是以"读卖（瓦版屋）"为首的各类"街头艺人"。据说上文提到的小说家假名垣鲁文年轻时就学过"义太夫节"，成名之前，曾创作流行歌谣或改编歌词卖给"读卖"，还曾戴着草笠站街叫卖。

当时"读卖"者大都头戴草笠，有时还会弹奏三弦，一般两人一组，一人用细竹签逐字逐句地朗读书本或印刷品，另一人售卖。图19中效仿"读卖"的鲶鱼便在销售

图19 《端呗尽》，国际日本文化研究中心藏

第七章 鲶绘与江户的大众文化

"瓦版"。草笠处能看到下巴,袖口处能看到手,定睛观看才知道此二人实为鲶鱼。这位工匠打扮的人购买的大概就是鲶绘吧。文字的标题为"端呗尽",或许这两个鲶男唱的正是模仿自"端呗"⑪的歌谣吧。题跋以《Sucharaka》(爱咋咋地)、《店里的不倒翁》《露和尾花》三曲为素材,时至今日,此诙谐的三只小曲依然会在有艺妓表演的宴席上拿来唱跳。

⑪ 端呗是日本音乐的一种类型,以使用拨子、曲调轻快为特征。——译者注

【Sucharaka(爱咋咋地)】咦,这次地震啊,在江户市域里,在歪歪扭扭里,在富翁的肚子里,在游女的黑烧屋及青楼里,在破烂不堪的围墙里,在默默祈求的小屋里,在刚刚建好的平房里,那个时候啊,在临时的花街柳巷里,混日子的演员们也是爱咋咋地。

【店里的不倒翁】地震太摇晃,来到路中央,看了看周围,土房檐边掉,屋子已塌方。

【露和尾花】神说地震搞的,地震说神搞的,咦?你说搞了,他说没搞,结果鲶鱼出现在了画中,露馅了。

另外《Chobokure Chongare》(图20)、《地震Sucharaka》(图21)、《铜锣如来世直Chobokure》等鲶绘,也都效仿自表演"阿呆陀罗经""Chobokure节""Sucharaka节"等曲目的街头艺人。"阿呆陀罗经"乃"许愿和尚"系的杂艺,这里虽称"和尚",其实就是和乞丐相差无几的街头艺人,他们口诵"佛说阿呆陀罗经……""归命顶礼……",看似

227

图20 《Chobo-kure Chongare》，国际日本文化研究中心藏

图21 《地震嘶嚓啦咔》，国际日本文化研究中心藏

和尚念经，实则是内容各不相同，大都笑谈世间百态，偶尔夹杂些批判社会的曲子。一般认为其受到了"节谈说经"以及其他的俗曲、流行歌谣等的影响，是"浪曲"（浪花节）的雏形。[28]

"Sucharaka 节"作为上述"端呗尽"中的一曲，也属于街头艺人系统的曲艺，"没了没了"的唱词广为人知。"Sucharaka"表示戏谑的说话方式或态度，一人弹三弦，另一个人"咚咚"地敲着木鱼、打着拍子哼唱，而"Sucharaka"一词很可能就来自三弦的声音。这里介绍一下效仿演唱"Sucharaka 节"的街头艺人之《地震 Sucharaka》的跋文（歌词）"里里尽"。

> 晚了出不来，在仓房里；四处找寻啊，在草丛里；家里滚出来，到大街里；光腚跑出来，从浴池里；店头干活的，在烟雾里；美女染黑牙，在水沟里；扭转乾坤吧，在人世里；嘶嚓啦咔、咚咚，万岁乐，呼啦呼啦。

"嘶嚓啦咔、嘶嚓啦咔、嘶嚓啦咔、咚咚，晚了出不来在仓房里，各处看得见在草丛里，店头干活的烟雾里，嘶嚓啦咔、嘶嚓啦咔、嘶嚓啦咔、咚咚"，如果放声朗读，恐怕不止我能感受到乐曲和乐器的声音吧。顺便说一下，20 世纪 60 年代，日本处在经济高速增长时期，由人气演员 Miyako 蝶蝶（日向铃子）和横山 Entatsu（石田正见）共同出演的喜剧《Sucharaka 社员》（TBS 系列）以及植木等唱的《Sudara节》，都留有"Sucharaka节"等祈愿和尚系表演的影子。

五　解题谜之鲶绘

多重主题

如上所述，鲶绘是江户大众文化的支柱之一，它不仅刻画了地震之后的世间百态，还栩栩如生地描绘了当时颇具人气的歌舞伎、流行歌谣、游戏等大众文化。本章中，我仅详析了几幅鲶绘，无疑是管中窥豹，若能对数百张鲶绘逐一详解，江户的大众文化定会清晰可见。

不过，有的鲶绘既没有跋文也没有画题，对于当时的百姓来说可能是一目了然的，但对我们来说却难以理解，江户百姓究竟能从这幅画中体会到什么乐趣呢？

下面，我以两张令人费解但主题相互关联的作品为例试着解读其中深意。这两幅作品均无标题，收藏机构也不知该如何处理，要么标为"无题"，要么以跋文的开头作为临时的画题，一直以来并未受到足够的重视。

图 22 的《无题》就是这么一幅作品，被临时命名为"地震烧毁至浅草"。该图描绘了震后死里逃生的人们露宿街头的景象，看上去好像没什么意思。跋文也只是寥寥数语，"地震烧毁至浅草，没有一家能栖身"，按字面理解，

图 22 《无题》
(地震烧毁至浅草),国际日本文化研究中心藏

仅补充说明了受害者到浅草找地方栖身,结果周边的房屋也都倒塌了的情形。恐怕没人会想到作者在创作时其实还心念地震鲶吧。

其实,作者特意将当时尽人皆知的事情画了进去。我关注的是"一家"二字。这幅画的妙趣之处就在于能否发现它的暗示。说到浅草"一家",当时的百姓会立马想到浅草明王院的姥池传说吧。

该传说又被称为"浅茅原一家"或"浅茅原石枕",发行于 1662 年(宽文二年)由浅井了意创作的《江户名所记》以及 19 世纪中期(天保年间)歌川广重创作的《东都旧迹尽》等书物对此均有记载。其内容大致如下:

昔日，浅草寺东边荒地仅有一户人家，老妇人和女儿相依为命。女儿面容姣好，老妇人便命她去招揽行路投宿之人，再用吊于屋顶的石头，砸死睡在石枕上的旅客，将钱财衣物等占为己有。女儿为此事深感内疚，一次她对一名年轻俊朗的投宿之人心生爱意，不忍将其杀害，同时也想让罪孽深重的母亲改过自新，于是便代替年轻男子睡在石枕之上，结果母亲失手将女儿砸死。老妇人得知此事后，对自己的恶行后悔不已，跳入姥池结束了自己的性命。据说这名俊朗的男子（也有说是幼童）由浅草寺观音所变，目的就是惩戒老妇人。

广重的《东都旧迹尽》中亦有一幅题为《浅茅原一家石枕之由来》（图23）的锦绘。画中正是老妇人利用女儿杀害旅客的场面，老妇人站在门外向屋内瞧，女儿在枕边竖起小屏风，屏风的内侧是石枕，而石枕的上方就吊着一块大石头。这里未画旅客的模样。

既然浅草寺的浅茅原传说被制成了锦绘，那么了解之人，看到"没有一家能栖身"这几个字，应该都会想到该传说吧。

第七章 鲶绘与江户的大众文化

图23 《浅茅原一家 石枕之由来》，日本国立国会图书馆藏

解读当时的流行元素

然而更有意思的是，有些重要的大众文化事件在当时确有发生，但通过上述说明却难以尽言。1855年（安政二年）发生大地震后，浅草寺举行开龛仪式，人们敬奉了一幅由歌川国芳创作，取材于"浅茅原一家"传说的大绘马，结果备受追捧。此绘马基于上述传说，画中共有三人，

233

左手边幼童酣然入睡,中间是手持利刃面容恐怖的老妇人,右手边是拼命拽住老妇人阻止她杀害幼童的女儿。通过大绘马的高人气,可知"浅茅原一家"传说早已成为人们茶余饭后的谈资。图24由歌川国芳创作的名为《观世音灵验一家》的锦绘就是该绘马的原型。这幅锦绘同样广为人知。

图24 歌川国芳,《观世音灵验一家》,国际日本文化研究中心藏

另外,还有一点不容忽视。当时颇具人气的曲艺"生人形"(风流人形)也将目光移至了这一传说。根据见世物专家川添裕的研究,"生人形"就是等身大的戏剧人偶,因采用写实手法精工细雕,看上去栩栩如生,故而得名。[29] 根据斋藤月岑的《武江年表》,地震发生四个月后的安政三年(1856年)二月,熊本县出生的生人形师松本喜三郎于浅草寺奥山若宫稻荷前开始表演此物。其内容大都取材自《忠臣藏》《水浒传》《为朝巡岛》等当时广为人知的歌舞伎及读本(大众小说),当然也有借歌川国芳大绘马的高人气,采用图案中的"浅茅原"人形。

第七章 鲶绘与江户的大众文化

据说一到夜里，放置"浅茅原"人形的房间就会传来老太太责骂女儿的恐怖声音，在谣言的推波助澜下，虽只上演了四个月，却无人不知。

此情此景，"读卖瓦版"当然不会错失良机。因鲶绘禁售一筹莫展的"读卖"业者们，立即请浮世绘画师创作生人形锦绘，其中取材于"浅茅原"人形的锦绘人气最高。

倘若弄懂了安政大地震前后大众文化的状况，另一幅被临时命名为"安放要石之鹿岛大明神"的鲶绘（图25），其主题就一目了然了。

图25 《无题》（安放要石之鹿岛大明神），国立国会图书馆藏

的确，表面上看这幅画就是鹿岛神想用要石压制鲶鱼，与其他鲶绘无异。但作者希望人们能够看到更多的东西，即"浅茅原一家"的传说。端坐在屏风里的鲶男，头部有

235

暗示观音的圆形"背光",头上则吊着写有"要石"的杀人"巨石"。该鲶绘究竟借用自地震前的锦绘,还是取材自震后的见世物锦绘,目前尚无定论,但明显模仿了当时尽人皆知的歌川国芳的"大绘马",即"浅茅原"传说中"老妇人""女儿""幼童/旅客"的三人组合。图 22 和图 25 在暗示江户百姓众所周知的"浅茅原一家"传说上相互关联,充分反映了当时人气较高的江户大众文化。[30]

六 试问鲶绘的现代意义

作为大众文化的鲶绘

鲶绘究竟为何物?其意义又在哪里?北原糸子认为,对于江户时代赏玩鲶绘的受灾群众来说,鲶绘就是"虽自家也遭受灾害,但坚信不爬起来就没有明天,乃同病相怜相互支持的锦绘"[31]。另外,气谷诚认为鲶绘是"江户百姓为驱除地震的噩梦创造的一种精神疗法"[32]。大塚英志认为通过鲶绘这一媒体,可避免"将受灾的心灵视作特定的少数群体,从而让其实现软着陆"[33]。上述评价在缓解地震引发的悲剧,平复失去亲人和房屋的伤痛,让人们慢慢接受既定事实等问题上是相通的。

那么,对于鲶绘鉴赏者和研究者来说,其意义又在哪里呢?科尼利厄斯·欧威汉德认为,鲶鱼怪时而作为破坏者,时而作为救赎者,和世界各地的恶作剧妖精同属一类,

第七章 鲶绘与江户的大众文化

通过对民间信仰和民间传说的结构进行分析，可以挖掘出鲶绘底层潜伏着的"日本神明的两义性"⁽³⁴⁾。另外，若水俊指出，"通过匿名的讽刺文，不仅对权力者，对一般人也发起了波浪式的猛攻"，这种传统的批判精神，正是江户子^⑫气质的表现。⁽³⁵⁾ 宫田登还认为这是应对大灾难早晚会袭击日本，做好思想准备的必要素材。⁽³⁶⁾

现实中的鲶鱼长相丑陋，虽说是贵族的高级料理，但我们没谁愿意去吃吧。不过，画中的大鲶鱼和拟人化的鲶鱼，表情和举止诙谐可爱，和现代的形象倒有几分相似。鲶绘之所以在今天仍颇具人气，或许原因就在于此吧。

鲶绘具有多张面孔，只有从多方面考察才能深入了解，因此前辈学者的见解都值得倾听。而本章我聚焦的是催生鲶绘的江户大众文化。鲶绘如实反映了当时颇具人气的大众文化，认真对其进行解读，便可弄清当时的大众文化，在此过程中亦可深刻理解作者借不同鲶绘所表达的主题及百姓的想法。

同样，这些也会反映在歌舞伎、锦绘、生人形的表演，或流行歌谣等事物之中。反映其中的文化经相互影响就形成了那个时代的大众文化。简言之，鲶绘就像立在我们面前的"镜子"，映射着当时的大众文化。通过观察这面镜子，震灾之下江户百姓的行为、心意，甚至整个江户的大众文化特征便清晰可见了。

⑫ 江户土生土长的人们，有一种与众不同的气质。
——译者注

237

注

（1）宇佐美龙夫：《江户受害地震史》，载《东京大学地震研究所汇报》第51卷，1976，第247页。

（2）野崎左文：《假名反古》，假名垣文三出版，1895，第29—30页。鲁文最初创作的跋文所载的《鲶之老松》，据推测可能就是图18的《老鲶》。

（3）北原糸子：《地震的社会史——安政大地震与民众》，讲谈社学术文库，2000，第132—139页。本书详细考察了催生鲶绘的地震前后江户的社会状况。

（4）今田洋三：《幕末大众传媒情况》，载宫田登、高田卫监修《鲶绘——震灾与日本文化》，里文出版，1995，第77—78页。

（5）同注（2），第31页。

（6）科尼利厄斯·欧威汉德：《鲶绘——民俗想象力的世界》，小松和彦、中泽新一、饭岛吉晴、古家信平译，岩波文库，2013。

（7）气谷诚：《鲶绘新考——灾害的宇宙论》，筑波书林，1984。

（8）宫田登、高田卫监修《鲶绘——震灾与日本文化》。

（9）同注（3）。

（10）若水俊：《江户子气质与鲶绘》，角川学艺出版，2007。

（11）黑田日出男：《龙栖息的日本》，岩波新书，2003，第189页。

（12）大林太良：《地震神话与民间信仰》，载《关于神话》，讲谈社学术文库，1979，第81—113页。

（13）同注（11），第187页。

（14）冈田芳朗：《日历物语》，角川书店，1982。

（15）气谷诚：《黑船与地震鲶——鲶绘的风土与时代》，载宫田登、高田卫监修《鲶绘——震灾与日本文化》，第52—55页。

（16）宫田登：《从都市民俗学看鲶信仰》，载宫田登、高田卫监修《鲶绘——震灾与日本文化》，第27页。

（17）克里斯托夫·马尔克：《大津绘——民众讽刺的世界》，角川索菲亚文库，2016。

（18）《藤冈屋日记》第三卷，三一书房，1988，第154页。有趣的是，藤冈屋由藏认为大鲶鱼驮着世界（日本），一动便会引发地震的说法，以及用鹿岛神宫的要石按住鲶鱼头的说法都是骗人的（第139—140页）。

（19）《藤冈屋日记》第五卷，三一书房，1989，第352—355页。此"寓意画"包括模仿歌舞伎演员们的大津绘"浮世又平""鬼念佛""猴子对鲶鱼"等11种画题，其中"浮世又平"效仿"市川小团次"暗示"水户御隐居（德川齐昭）"，"鬼念佛"效仿"岚音八"暗示"第十二代首领（将军德川家庆）"，"猿鲶"则效仿"中山文五郎"暗示"水户对美国"。这幅画"七月十八日刊行，售卖时有种种议论，自八月朔日起大卖，每日印一千六百张，愈加畅销"。

（20）末广幸代：《大津绘的瓢柜鲶鱼》，载宫田登、高田卫监修《鲶鱼绘——震灾与日本文化》，第182—185页。

（21）富泽达三：《锦绘的新闻性——以鲶绘、麻疹绘、戊辰战争时期的讽刺画为中心》，载木下直之、吉见俊哉编《新闻的诞生》，东京大学出版会，1999，第192—193页。

（22）鲶绘中还有烹饪鲶鱼怪的主题，根据后藤芳江的《鲶鱼料理的今昔》，载宫田登、高田卫监修《鲶绘——震灾与日本文化》，第199—205页，自平安时代，鲶鱼料理就作为高级料理被贵族所食用，但江户百姓却认为其外形丑陋，是低级的鱼，很少出现在餐桌之上。百姓喜欢鳗鱼，因此鲶绘中"蒲烧鲶鱼"便效仿了"蒲烧鳗鱼"。

（23）木场贵俊：《木版印刷与"二次创作"的时代》，载日文研大众文化研究项目编著《日本大众文化史》[13]，KADOKAWA，2020，第101—104页。

[13] 中译本见本系列丛书第一卷《浮世通鉴：日本大众文化史》。——中译本编按

（24）塞普·林哈尔：《拳的文化史》，角川书店，1998，第180—182页。此书是关于划拳最全面的研究著作，本章关于划拳的论述便基于此书。

（25）《藤冈屋日记》第三卷，三一书房，1988，第128页—129页。

（26）善光寺地震的鲶绘《Kawari拳》（图2）题跋的前半部分模仿了下述《Toteturu拳小曲》："信州地震开帐，人晃身子晃，里面晃啊晃，晃着往前走，叮当善光寺，奶奶压爷爷、河水涨得快，河堤在修嘞，哎呀醒来啦，赶快逃难呐。"另外，《藤冈屋日记》第三卷的第154页也收录了"地震拳"小曲。

（27）参见杰拉尔德·格罗默（Gerald Groemer）：《幕末的流行歌曲》，名著出版，1995，第13—30页。

（28）请参考光田宪雄的《江户街头艺人——平民社会的共生》（TUKUBANE舍，2009），中尾健次的《江户街头艺人——底层市民的世界》（筑摩文库，2016）等著作。

（29）川添裕：《江户的见世物》，岩波新书，2000。

（30）有关"浅茅原一家"传说的锦绘与杂耍，其关系请参考小松和彦：《两个"一家"——围绕国芳和芳年的〈安达原〉》，载德田和夫编《东方妖怪与西方怪兽——想象力的文化比较》，勉诚出版，2018，第46—72页。

（31）北原糸子：《为什么，如今是鲶绘？》，载宫田登、高田

卫监修《鲶绘——震灾与日本文化》，第132页。

（32）气谷诚：《笑谈地震——鲶绘精神心理说》，载宫田登、高田卫监修《鲶绘——震灾与日本文化》，第128页。

（33）大塚英志：《奇书种种——初学者的"怪"文学入门第七讲》，载《怪》33号，角川书店，2011，第306页。

（34）同注（6）。

（35）同注（10），第227页。

（36）宫田登：《鲶绘——震灾与日本文化·序言》，载宫田登、高田卫监修《鲶绘——震灾与日本文化》，第22页。

第八章
大蛇、海螺与天灾地孽

齐藤纯

一　桑野山的大蛇

《骏河记》的记录

骏河国（静冈县）的地志《骏河记》成书于1820年（文政三年），书中有一幅《桑野山於鲁地毙之图》（图1）。"桑野山"是大井川中游的一个地名，现位于榛原郡本川根町。"於鲁地"读作"oroti"，为"大蛇"之意。而"毙"即"倒"，为"倒地而亡"之意。该图描绘了暴雨和洪水的场景，左侧山崩地裂，大蛇被压在岩石之下（图1上）。右侧房倒屋塌，水面上唯见草葺的房顶。此外还有风雨飘摇之中，就要和竹林一起倒掉的民房以及落荒而逃的百姓（图1下）。也就是说，该图描绘的不仅是大蛇之死，还有因风雨、洪水、水土流失导致的灾害之象。

鲶鱼之怒：日本大众文化中的天灾・疫病・怪异

图1 《桑野山於鲁地毙之图》，出自桑原藤泰《骏河记》上，足立锹太郎校订，1932年，国立国会图书馆电子图书馆

第八章　大蛇、海螺与天灾地孽

翻看《骏河记》可知，其中"卷十五　志太郡卷之二"关于"桑野山"的记述与本图息息相关。据此书称，古时桑野山幽谷之地有大蛇。一天，狂风大作、地动山摇，大蛇破山而出，直入大井川。然山顶崩裂的岩石滚落于大蛇之上，大蛇倒地而死。

于是，山洪暴发，房倒屋塌，压死、溺死者众多。后来，此处发现"蛇骨"，巨大的骨头还被上藤川（本川根町）一个名为化成院的寺院当作了厨房的垫脚之物，大小如臼。此外，蛇骨亦流至远江国（静冈县）的家山（岛田市川根町），原本三光寺的厨房中也有此物，但不知为何被扔掉了。[1]

《烟霞绮谈》和桑野村的传说

1773年（安永二年）出版的随笔《烟霞绮谈》（第2卷）中也记载了同样的事件。[2]作者乃大井川下游金谷宿之人。此处称"天正年间（1573—1592）之事"，一条千年大蛇欲同山洪入海，结果堵住河道，导致了同样的事态。后来砂土流失，蛇骨重见天日，蛇口巨大，伸手方至上颚。之后蛇骨被多方利用已不见踪迹，但偶尔可见表面犹如凝脂的石头。据说此乃蛇油，刮存可治刀伤。笔者将其送给懂行之人，据说这种石头可能是钟乳石的"石状"（石笋），即溶洞中断落的部分。

另外，根据《本川根町　桑野山　泽间民俗》（2001年，即平成十三年）的记载，当地传言大蛇被扁柏枝刺穿

247

心脏而死。[3] 大蛇毙命之地称为"蛇骨泽",人们于此处拾回白骨,作为药师堂的垫脚石。结果疫病流行,人们认为是大蛇作祟,于是又将白骨扔回了大井川。

蛇骨泽位于桑野山村落以北,是从寸又口桥沿大井川逆流而上约400米处东侧山腰的一个浅谷(图2)。2019年8月12日,我曾到访此地,这里堆积着许多从山上滚落的石头,还可以捡到钟乳石和石灰华的碎片(图3)。这种石头白中混着褐色,内部疏松多孔,确实容易让人们联想到动物的骨头。

大井川流域水土灾害频繁,1757年(宝历七年)桑野山发生山崩,1768年(明和五年)遭遇台风、洪水,1828年(文政十一年)又遭遇了局部地区的强降雨。桑野山的大蛇传说中,应该反映了某些灾害的记忆吧。

图2 蛇骨泽,静冈县榛原郡本川根町桑野山

第八章 大蛇、海螺与天灾地孽

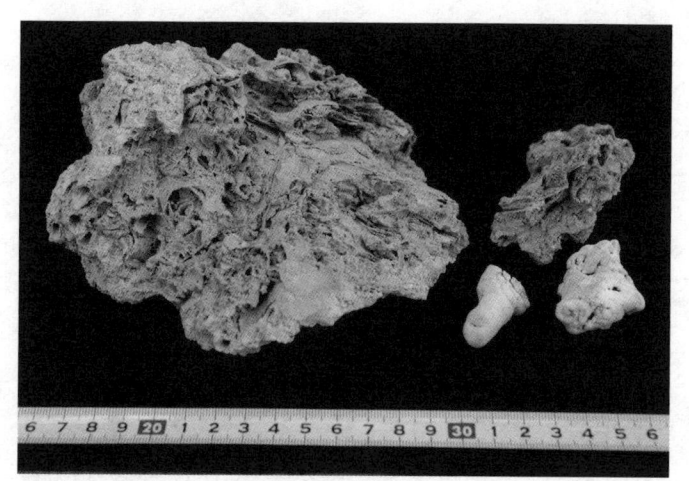

图3 于蛇骨泽捡到的石头

关于文政水患,《本川根町史 资料编三 近世二》⁽⁴⁾中收录了一篇桑野村里正①向官府提交的公函抄本《文政十一年八月 桑野山村受灾情况说明书》。根据这封公函,六月三十日以来连日的大雨导致上游决堤,湍急的大水冲走了粮食、家具、农具,使房屋陷入泥沼之中。当时,夜空中"火光"冲天,犹如"白昼",时而传来三两声奇怪的叫声。据说,随后山谷中发出了雷鸣般的声响,紧接着又吹来了暖风。

关于这次异常状况,公函称据"祖辈口口相传","百七八十年以前,该村山内现大蛇",后被岩石压死,今山中仍可挖出"蛇骨"。其后又写道:"如此看来,此次异事亦恐大蛇现身所致。"也就是说,正如祖辈口口相传,此次灾害也因大蛇而起。对于新的异常情况,却用旧的大蛇

① 乡里制下的里长,后世称为村长。——译者注

传说来进行解释，这一传承方式颇为有趣。就这样，妖怪引发天灾地变的实感被保存了下来。

二　大蛇同天灾地孽

"蛇拔"现象

时至今日，我们还能在长野县等地听到"蛇拔"一词。"蛇拔"一般指以泥石流为主的砂石滑坡，近代以前人们笃信如此的天灾地孽乃大蛇所为，该词也很好地表达了这一想法。笹本正治在其著作《蛇拔、异人、木灵——历史灾害与传承》中，分析了以长野县为中心的中部地区的蛇拔传说。据他称，大蛇经过一定年限，就可以呼风唤雨，摆脱大地入海升天，这类传说又称"大蛇化龙"。其中，亦有神佛和大蛇告知人们灾难的传说。[5] 此外，笹本还在书中介绍了1759年（宝历九年）的公函"木曾御材木方"有关"山崩　蛇拔之迹"的记录，由此可知"蛇拔"一词甚至可以追溯至近世。

"蛇拔"一词在《日本国语大辞典》第二版第六卷中亦有所记载。[6] 按照上面的解释，"蛇拔"乃表示"因大雨等导致砂土崩塌，山崩"的方言。山梨县、长野县饭田市周边、东筑摩郡、岐阜县惠那郡均有使用，因此应为这一带的用语。但仔细检索，我们发现"蛇拔"的使用范围绝不仅限于此。

第八章　大蛇、海螺与天灾地孽

例如，静冈县安倍川的上游亦有"蛇拔泽""新蛇拔泽"等地名。根据《静冈县史　别编二　自然灾害志》的记载，"蛇拔"指泥石流，因其发生前常有蛇出现，故得此名，也就是说该词源于"大蛇从山谷中挣脱"一事。另外，还有说法认为浑浊的河水沿山谷流淌时，如果于下游的平地远远望去，就宛如大蛇逶迤前行，故此得名。[7]

另外，根据群马县的民俗学家、地名研究家都丸十九一撰写的《地名的故事》可知，该县也有"蛇拔"（jyanuke）一说，此外还有"蛇崩"（jyague）、"蛇喰"（jyabami）等地名[8]。都丸在书中介绍，该地用"kueru"表示"崩塌"，"kue"为其名词形式。"蛇崩"（jyague）这一地名最多，因一列列裸露的岩石形如蛇腹，或因岩石滚落而得名。该书还写道，同样的小峡谷也被称为"蛇喰""蛇拔"，"蛇喰和蛇崩为相同地貌，但蛇拔总让人感觉伴有砂石的流动"。另外台风引发的洪水被称为"蛇押"（jyaosi），因洪水砂土堆起的痕迹即为"蛇拔"。

另外，秋田县北秋市的阿仁町也有一座名为"蛇拔森"的大山。根据春日克夫的《关于阿仁町的地名（一）》，"蛇拔"为"山崩、山体滑坡之意"，此外"当地还用'jyakuzure''jyatakure'等词表达类似含义"。[9]

如上所述，除了中部、关东、东北地区以外，西日本亦有"蛇拔"的说法。笔者曾无意间看到京都市左京区京北下黑田町也有一地名为"蛇拔谷"。另外，国学院大学民俗学研究会在兵库县城崎郡竹野町（丰冈市）进行民俗调查时撰写的报告书《民俗探访》（昭和三十八年度号）

中亦有如下记录：

> 七月巳日，祭"石龙"。于蛇拔设祭。如今"石龙"即"石地藏"，然昔日，此地有大蛇，方立石地藏，始奉"石龙"。[10]（川南谷）

"sekiriyo（sekiryo）"汉字一般写作"石龙"。即以岩石为神体或依附物的龙神，这里称"于蛇拔设祭""此地有大蛇，始奉石龙"。仅凭这几句话我们还难解其意，但结合报告书中的另一段话，便可知这里曾发生泥石流，于是在此设祭。

> 该村山坳有大小池塘，蛇居于此。香住及三川附近，地鸣三四日，蛇自大小池塘出，游至乡里，曰"蛇拔"。昔日，三川部落，因蛇从地出，遭洪水之灾。

文中的"三川"即兵库县美方郡香美町香住区的三川，是从竹野町的川南谷向西穿过山脊，坐落在山坳中的一个小村落。

另外，《日本国语大辞典》关于"蛇拔"的词条，还以高知县土佐郡为例，释义为"大雨倾盆"。不过，这里所说的也应该是导致砂土崩塌的大雨吧。因此可以推断，除了中部地方，"蛇拔"的使用范围相当广泛。

第八章　大蛇、海螺与天灾地孽

大井川的"蛇崩"

上文介绍"蛇拔"时，曾提及"蛇崩""蛇喰"等词语亦与砂石崩塌有关。"蛇崩"有时读作"jyakuzure"，有时读作"jyague"。而笹本所举的例子就出自元和时期（1615—1624）发行的《甲阳军舰》以及1716年（正德六年）发行的《武将感状记》。

《武将感状记》[11]收录了战国时期至江户初期武士的趣事。其第三卷中让德川家康的家臣大久保忠世扬名立万的"大久保忠世平抚士兵骚乱一事"中便有如下记载。

1568年（永禄十一年）至1582年（天正十年），武田信玄、武田胜赖父子占领了骏河国，同三河、远江国的领主德川家康在大井川隔河相持。为了对抗胜赖，家康同相模国的北条氏政联手，于大井川的下伊吕（井龙、岛田市阪本色尾）安营扎寨。结果，"彼时，雨连降两三日，夜里河岸忽然崩塌，砂石落水，发出巨响。俗称蛇崩。睡梦中士兵以为胜赖夜袭，先锋军及大本营惊慌不已，百般压制却无法平复"。也就是说，士兵把河岸因降雨崩塌的声音当成了胜赖军的夜袭，于是先锋军和大本营乱作一团。无奈之下大久保忠世用计才安抚了军队，平息了事态。

虽然此事日期不明，但根据前后情况来看应该发生在天正七年（1579年）的九月末。然而，记载此事的《武将感状记》一书则刊行于1716年（正德六年），因此这里的"蛇崩"我们也只能暂且算作那个时候的例子吧。

颇为有趣的是，类似的事情作为大井川的"蛇崩"传说同样广为流传。地志《骏国杂志》成书于1843年（天保十四年），其中"卷之二十四　下"收录了骏河国各郡的"怪事"，而"止驮郡"（志太郡）中就有"蛇崩"一项。[12] 该项以"于止驮郡大堰川（大井川）"开头，接下来又引用了近世杂史《东武谈丛》的内容。话说天正六年（1578年）八月下旬，家康进攻骏河国返程途中，殿后军队乘木筏渡"大井河"。当时，"大雨连降两三日，水势大涨，夜晚河岸崩塌，坠入水中，声大如雷，人皆以为敌军靠近"。

援引完《东武谈丛》，地志的编者又于文末写道："里俗称其为蛇崩，往往有之。"也就是说，连日降雨导致大井川的河岸崩塌，声音如雷，结果士兵们误以为是敌人偷袭。针对《东武谈丛》的这一记述，编者最后补充道："按照地方风俗，人们将其命名为'蛇崩'，且这种事情时有发生。"

家康和胜赖曾以大井川为界对峙，此河自然吸引了人们的注意。当然，也可能是同一个故事的不同版本流传于世。不管怎样，大井川的砂土崩塌在近世被称为"蛇崩"。也就是说，大井川中游的桑野山的大蛇现身，也可以称作"蛇崩"。

"蛇崩"与"蛇喰"

"蛇崩"亦为地名。利用《角川日本地名大辞典》以

第八章　大蛇、海螺与天灾地孽

及《日本历史地名大系》（平凡社）检索，可查找到"蛇崩［福岛县耶麻郡山都町］""蛇崩川［东京都世田谷区、目黑区］""蛇崩〔新潟县小千谷市片贝町］"等地名（［ ］表示的地名为辞典发行时使用的名称，以下同）。[13] 蛇崩川因地处首都圈较为有名，1889—1932年，上目黑（目黑区）还有一处名为"蛇崩"的小巷。近世后期的地理志《新编武藏风土记稿》（第47卷）在"荏原郡之九""马达领""上目黑村"条中对"蛇崩川"这一地名的由来进行了介绍，"昔者此处有大蛇出，土地崩塌，故得此名"[14]。对此，地志的编者表示虽难以认同，但大蛇现身之事却在当地口口相传。另外，应该还有很多例子未能出现在词典的词条或解释之中吧。

有意思的是某些名称固定前其实经历了些许变化，如爱知县知多郡东浦町石滨（大字）的"蛇子连（小字）"读作"jyakozure"。"蛇子连"是豆捣川上游的小巷子，根据《改订东浦地名考》，该地有如下传说。[15]

昔日，三个年轻人路过此地，看到大蛇带着一窝小蛇睡觉。三人心生恶念，用稻草将蛇围在其中一把火烧死了。结果两人因高烧死亡。"jyakuzure"的读音讹化为"jyakozure"后，人们据此联想到"蛇子连"，于是诞生了带娃大蛇的故事。不过，大蛇现身后死掉或伤害村民的传说，却在当地由来已久。

与此相对，上述的地名辞典却没有将"蛇崩"读作"jyague"的用例。不过，都丸列举群马县的4例后又告诉读者，其实类似的例子还有许多。如《日本国语大辞典》

就将"jyaku"作为方言收入词条，表示"山体崩塌。崩塌之处等"。山形县、福岛县、茨城县、栃木县均有使用。另外长野县佐久地区也有类似的词例，读作"jyague"。从群马县的词例来看，"jyague"及"jyakue"更接近本来的形态，而"jyaku"大概是简化了的方言吧。如此看来，"jyague"和"jyakue"至少广泛分布于东日本地区。

地名词典中将"蛇喰"读作"jyabami"的用例如下：

蛇喰［北海道松前郡松前町白坂］、蛇喰堰［秋田县本庄市（由利本庄市）子吉］、蛇喰［福岛县大沼郡会津高田町（会津美里町）］、蛇喰［群马县藤冈市鲇川］、蛇喰城［千叶县安房郡富山町（南房总市）平久里下］、蛇喰［新潟县岩船郡关川村］、蛇喰［富山县东砺波郡井口村（南砺市）］、蛇喰池［三重县阿山郡伊贺町（伊贺市）山畑］、蛇喰城［和歌山县西牟娄郡上富田町、白滨町］、蛇喰川［岛根县伯太町（安来市）］、蛇喰山［岛根县松江市］

此外，再看文久三年（1863年）十一月刊载于《静冈县史　别编二　自然灾害志》上的《梅岛入岛两村绘图》，位于安倍川上游的梅岛、入岛两村内（静冈市）有多处崩塌地点，其中一处就标有"蛇崩"二字。

无论"蛇崩"还是"蛇喰"，同"蛇拔"一样，都是大蛇导致砂土崩塌这一思维方式的体现。通过这些词汇可知，当时的人们普遍认为天灾地孽乃怪兽所为。

三 法螺贝[2]和天灾地孽

"破土而出"的法螺贝

1927年（昭和二年），柳田国男在其执笔的论文《鹿耳》中，介绍了新潟县岩船郡大利峠（又名"蛇骨峠""座头峠"）的大蛇传说。据说，附近的山中住着一条大蛇，几日后要入海。届时，这一带将水漫金山。座头从蛇精处得知此事，还了解到"铁钉"乃大蛇的弱点，于是提前告知村民。结果大蛇惨败，村庄得救。柳田又补充道：

> 信州山中有法螺崩和蛇崩。蛇崩前大山鸣动，即刻用扁柏削成木桩，钉在山周围，蛇出不来，便死在其中。经年大蛇化骨，露出地面。据说取之研末，可治疟疾。[16]

不知柳田先生从哪儿得此传说，如今信州（长野县）经常听到的却为"蛇拔"。不过如前所述，静冈县和新潟县等地确有"蛇崩"一词，因此相邻的长野县有此说法也无可厚非。用扁柏木阻止大蛇的方法，前文的桑野山传说中也有提及。

除了"蛇崩"，还有"法螺崩"。实际上，"蛇拔"引发的天灾地孽乃法螺贝作祟的传说亦流传世间。地里的法

[2] 即海螺，为行文方便，这里仍用日文中的法螺贝，以下同。——译者注

螺贝能够呼风唤雨，发出怪声，上天入海，此类传说极为常见，最家喻户晓的当数近世的滨名湖今切传说。

今切位于静冈县新居町（湖西市）和舞阪町（滨松市）之间，滨名湖连通外海的出海口处，在明应年间（1492—1501）地震及海啸的作用下，海岸开裂而成。昔日于偏西处有河与海相连。架于河上的正是和歌所咏的名胜"滨名大桥"。也就是说，今切因中世的海啸而成，但到了近世却被说成因法螺贝破土而成。1616年（元和二年），林罗山[③]自江户前往京都，他在游记《丙辰纪行》中写下如是文字。顺便说一下，"新居"从前亦写作"荒井"。

[③] 江户初期的儒家，拜藤原惺窝为师，历任四代将军的侍讲。——译者注

> 距远洲荒井海滨有一深山，五里至海，有大船出入。昔日乃为陆地与大山相连，众多法螺贝从中比山钻出入海，其遗迹成今日之貌，故取名今切，乃古老之传言也。[17]

昔日，法螺贝从地里钻出的痕迹尚在。1689年（元禄二年）井原西鹤在游记《一目玉矛》卷三的"千年山"中如下记述道：

> 昔者传其为螺贝跃出之迹，右侧可见山谷崩塌，其下有白沙洲，此处桥已断。[18]

第八章 大蛇、海螺与天灾地孽

　　《一目玉矛》乃虾夷至壹岐、对马间名胜古迹的旅游指南，卷二和卷三主要介绍了江户至大阪的东海道地区。对于今切附近的名胜古迹，作者按舞阪、今切入海、御关所、荒井、千年山、滨名桥、高师山、白须贺的顺序依次进行了介绍。按此书记载，新居宿至白须贺间的东海道右侧有一崩塌的山谷，据说这就是法螺贝跃出的痕迹。

　　此外1690年（元禄三年），远近道印作、菱川师宣画的《东海道分间绘图》第三帖中，"荒井"和"白须贺"间也标有"法螺贝"破土而出的场所（图4）。该地正好位于"大仓户"和"荒井出"中间，"大仓户"上写有"东新寺"，其左侧的山顶便标注着"此山昔日出法螺贝"。"大仓户"位于湖西市新居町滨名，而"东新寺"即该地寺庙。大山位于左侧，也就是东新寺的西侧。再往左看，乃"白须贺"驿站的原址，1707年（宝永四年）因地震海啸被迫搬迁。搬迁前的白须贺，位于现在湖西市白须贺元町和新居町滨名大仓户之间，旧东海道北侧之山也就是

图4 《东海道分间绘图》第三帖，"荒井""白须贺"间，国立国会图书馆藏，部分有改动

"昔日出法螺贝"的大山。《东海道分间绘图》在当时是最为精准的地图，故法螺贝破土而出的地点应该就在附近。

近代的民俗学家也记录了此类传说。面向全日本山村进行的调查报告《山村生活研究》中"村之大事件"一章便有如下记述：

> 如东京府桧原村亦流传此类悲惨之事。当地人称，法螺贝破山而出则山崩。将山崩之原因归为怪事者绝非桧原一村，第一章所提之富山县上平村旧桂部落，千户人家因山崩惨遭灭顶之灾。当地传言，此妖于山、河、海各住千年，便出来作恶。埼玉县浦山村称大蛇现身乃山崩之兆。青森县赤石村称伐倒自家房后大树，则招致山崩。[19]

富山县东砺波郡的上坪村（南砺市）流传着"山川海各住千年"的法螺贝引发天灾地变的说法，其他地方还有引发异象的法螺贝长生不老的说法。《一目玉矛》所记的"千年山"便基于这一观念。

保存至今的破土痕迹

法螺贝破土而出的痕迹至今仍在。静冈县沼津市的西部，爱鹰山南麓高桥川的溪谷中有一名为"柳泽"的村庄，该村的河滩上有一块岩石（图5），人称"八叠石"或

第八章　大蛇、海螺与天灾地孽

"三重石"。该石有一漩涡状的洞,关于此石,1820年(文政三年)的《骏河记》(第三十三卷　骏东郡卷之四)"柳泽"项中有如下记述:

> 三重石……岩上有螺出之洞,内有卷曲之痕……高约一间半(一间约为1.8米),上部平顶约七间乘六间。螺出之洞口约一间。[20]

"螺",一般指海螺。虽然《骏河记》中只有"螺出"二字,但1861年(文久元年)的地志《骏河志料》却在"卷六十五　骏东郡五　柳泽"中进行了略微详细的描述:

图5　八叠石,沼津市柳泽

> 传昔者此岩开裂，螺贝由此而出……岩石中部，螺贝钻出之洞，高约六七尺（约2米），螺旋状仍留岩中，螺何时钻出不得而知，乡人称螺从此溪经原之驿便入海了。[21]

"原之驿"位于高桥川下游面向骏河湾的原町（沼津市），近世东海道曾在此设驿站。1913年（大正二年）刊行的《鹰根村志》甚至描写了螺贝钻出的响动及灾害：

> 八叠石　远离柳泽部落之北方山地八町峡谷内有一巨石……乡人称之为"八叠石"。岩腹中有一直径数尺之洞穴。乡人传其为螺贝跃出之所。实为石灰石溶解而成。此石原在东侧大山之山腰处，宽永亥年因洪水滚落于此。居于此石之大螺贝，钻出后进入骏河湾。传闻当时大山轰鸣，恐怖至极。[22]

文中的"宽永亥年"即1635年（宽永十二年）的乙亥年。翻看《静冈县史　别编二　自然灾害志》的年表，可知七月天龙川发生了洪水，距此稍远的新田遭受水灾。不过，早前提及八叠石的地志均未记录时间，而《鹰根村志》的记录又离宽政年间有些久远，因此不足为信。

另外，按照《鹰根村志》的说法，八叠石是一块被侵蚀的石灰岩。但经实地调查得知，其实是火成岩中的安山岩。这么大的洞穴是如何形成的，确实令人费解。但是环顾四周，只见山崖及河道底部均为同种安山岩，此外还有

第八章 大蛇、海螺与天灾地孽

滚落下来的岩石。由此可知，八叠石应该就是此类岩石，崩落后滚于此处。也就说，这些原本倒立在河底或河边的岩石，在流水的冲刷下形成了漩涡状的洞穴。之后又被洪水掀了过来，成了今日这般形态。《鹰根村志》中亦有关于洪水的记述，但从河岸立有岩石一事来看，先不论年代，螺贝脱出的传说最初一定与洪水有关。

另外，与《鹰根村志》同年撰写的《原町志稿》称，该事乃"怪物""法螺贝"所为。该书"四　古事来历（八）"的"口碑传说"中亦有"法螺贝"一项，其内容如下：

> 昔日柳泽溪间住一怪物，风雨之夜必发吼声。某年初秋薄暮之时，溪上风起云涌，顷刻间电闪雷鸣，怪物亦发怪声，咆哮如狮吼，又如怒涛拍岸，回声久久，如泣如诉，不可名状，令人畜窒息。溪谷始荒，渐次南下，黎明时至本町海岸松林，其声隆隆，震天动地。许久，怪物之声消失，风雨雷鸣一时皆止，黑云飞散四方，东方既白，人人得以喘息。夜明，寻怪物来时痕迹，方知其从柳泽，顺高桥川而下，沿东入川，犹拖大带，于地面留下痕迹。自古听闻，柳泽住有法螺贝，活两千年，风雨来时，由此入海。如今柳泽八丈岩下之洞穴，乃此法螺贝现身之迹也。[23]

虽然描写得略微夸张，但不难看出传说中反映了风雨、地鸣、泥石流等情形。此类法螺贝日久成精引发灾难的故事，在其他传说中也时常可见。

此外，爱知县冈崎市的真福寺院内也有一"法螺贝洞"（图6）。关于此洞，《岩津町志》有记载如下：

> 往昔一法螺贝自伊势海穿地至真福寺院内，鸣动七天七夜后升天，破土而出之洞今仍在；当地人称此法螺贝有三斗七升之大。[24]

真福寺是矢作川东侧山中的天台寺院。正殿之下有灵泉涌出，人称"水体药师"，亦被奉为本尊，故此寺同水渊源极深。寺院位于山中盆地，南侧小坡的半山腰处有一

图6 法螺贝洞，冈崎市真福寺

法螺贝之洞。洞口位于质地柔软的花岗岩崖壁之上，高约2米，宽约3米，深四五米。洞穴前的沟状凹槽向下延伸，成了入洞之路。洞穴似乎被人深挖过，已不是原来模样。

"法螺拔"现象

如上所述，法螺贝破土而出的怪异之象被称为"法螺拔"，但今日几乎听不到这一说法。《日本国语大辞典》中没有"法螺拔"一词，地名词典上也检索不到。不过，近世平户藩主松浦静山于1821年（文政四年）至1841年（天保十二年）撰写的随笔《甲子夜话》中却有如下记录：

> 另世间称之为"宝螺拔"，顷刻间处处山摇地动，雷雨交加，天昏地暗间，有一物飞出。人称此乃地中宝螺所为，然未有人得见其真身。[25]

此外，近世的杂俳中也有一些用例，通过研究人员的注释，笔者亦略知一二，在此仅举几例：

> 钻出暖被炉，留下法螺窟。（《俳谐觿》1768年［明和五年］至1831年［天保二年］期间出版发行）
> 陶壶碎满地，法螺何处去。（同）
> 法螺现真身，拖泥到邻村。（同）
> 法螺出地处，寸草无一株。（同）

> 法螺来作祟，草木皆枯萎。（同）
> 山崩螺贝出。（《三番续》1705 年［宝永二年］序）
> 螺贝钻地出，辟开新峡谷。（《俳谐木叶集》1767 年［明和四年］序）
> 轰隆三日间，螺贝把身现。（《俳谐》1848 年［嘉永元年］）[26]

虽然有些算不上"法螺拔"的例子，但作为伴有天变地孽的现象，这些俳句描写了发水、砂石流动的声音，钻出的痕迹也似乎成了洞穴或峡谷。

民俗学者也对"法螺拔"一词进行过调查。昭和十年（1939 年）正月，泽田四郎穿越兵库、鸟取两县交界的户仓峠时，对山脚下户仓村（兵库县宍粟市）的习俗和方言进行了考察，并将其记录在了《户仓峠》之中。其中便有如下说明：

> 法螺拔　山中水涌之处。老人言，昔者法螺贝居于此，钻出后洞中冒水。木石俱崩。[27]

同样是砂土崩塌，这里则认为是法螺贝钻出地面而起。

四 法螺贝和龙蛇

法螺贝化身大蛇

更不可思议的是,法螺贝还能变成大蛇。1927年(昭和二年)刊行的《牟娄口碑集》中有一则和歌山县牟娄郡白滨町的传说:

> 昔日,西富田村大池中有法螺贝现身。某申年发大水,午后四时,只见洪水之中有一黑色大物漂浮前行。其后池中现洞穴。法螺贝海中居千年、河中居千年、山中居千年,若保此三千年寿命则得神力化为大蛇,脱壳而出。此次洪水泛滥,乃寿满三千年之法螺现身所致。[28]

天保十二年(1841年),桃山人、竹原春泉斋的妖怪画集《绘本百物语》中有一幅《出世法螺》图,仔细看,风雨之中确有龙形生物从贝壳中探头喷水,顺浊流而下(图7)。

明治四年(1871年)七月二十日的瓦版对东京道灌山法螺现身一事进行了报道,还描绘了龙形生物脱壳升天,在黑云中盘绕的姿态。[29]

鲶鱼之怒：日本大众文化中的天灾·疫病·怪异

图7 《出世法螺》，桃山人，竹原春泉斋《绘本百物语》(吉田幸一编《怪谈百物语》，古典文库，1999年)

据此图可知，法螺贝中有一似龙像蛇的生物。或者说，贝壳能够通向这些怪物居住的世界。

法螺大蛇齐现身

另外，翻开近世京都的见闻录《月堂见闻集》，1728年（享保十三年）的记录中还有这样一则故事：

> 六月中旬，江州伊吹山有大蛇出，后入湖中，大量宝螺贝亦从山中钻出，伊吹山麓两三村庄崩塌，其后数日风雨不止，水涨三余尺，村民皆登高所。此乃伊吹山麓乡人之传言也。[30]

江州（滋贺县）的伊吹山，大蛇潜入湖中，法螺贝也破土而出，山脚下的"村庄"崩塌，风雨不止，水漫全村。虽然这是"当地人"的传言，但其他地方也有大蛇和法螺贝同时现身的传说。

根据《涩川市志 第四卷 民俗篇》，群马县涩川市川岛并木的"JIANA"（蛇穴）（小地名）有如下记录：

> 前屋敷上方，有一蛇出之洞。雨连降七天七夜，大山鸣动，洪水喷涌。此时，法螺贝轰隆作响先行飞走，大蛇随后钻出。[31]

2006年3月21日我曾去该地进行调查，该地亦称"JYAANA"（蛇穴），还有人家以此为屋号④。沿山脚下行有一个小峡谷，其内有一个长20厘米、宽50厘米的方形

④ 屋号指商家或演员一家或一门的商号、堂号等。——译者注

横洞，四周围以石头，中间有水涌出。

另外《涩川市志　第四卷　民俗篇》中，有关涩川市半田还可见如下传说：

> 午年之贝水　明治三年夏，一日天气晴朗，忽然水泽山黑云涌起，顷刻间大雨如注。泷泽川水位大涨，半田百姓恰在对岸播种，故两日未能回家。期间水泽山一大岩石崩裂。传此岩住有法螺贝，乘此大水入海去了。

该地有关法螺拔的记载亦可见于1786年（天明六年）的《山吹日记》[32]。这年四月十六日国学者奈佐胜皋自江户出发，周游北关东后于次月的二十三日返回家中。五月一日，他将伊香保（涩川市）泽山的见闻记录如下。日记称，水泽山下有一峡谷，名为"黑泽溪"，最近谷中鸣响，水亦不知所踪。针对这一怪事，有传言称"蛰伏于此的法螺恐趁机钻出，众人无比骚乱"，真光寺上人得知此事后，诵读《大般若经》，或许念其法力，今日谷中水亦少量涌出，百姓亦不再惧怕。

⑤ 佛教宗派之一，其教义主要依据《法华经》。——译者注

真光寺是位于涩川市并木町的天台宗[5]寺院。黑泽是发源于水泽山的平泽川的一条支流。这里还流传着一则颇为有趣的传说（图8，9），亦记载于《涩川市志　第四卷　民俗篇》之中。

第八章　大蛇、海螺与天灾地孽

图8　雄石，涩川市涩川大石

图9　雌石，涩川市大野黑泽谷

雄石　涩川市立南小学，校园西南角有一大石。人称"大石"或"雄石"。昔日，黑泽深处有一对夫妇石。某年，大水将雄石冲到了现在的位置，仿佛等候着雌石的到来。

当时，每到夜里都会听到雄石呼唤雌石的声音。乡人担心它"喊来大水"，于是就在大石之上建了一座小庙，合祭田神与水神，据说之后奇怪的声音就消失了。

雌石　平泽川上游黑泽深处有一大石，名为"雌石"。昔日，平泽川多次泛滥，为平息怒涛，涩川村民请真光寺大法师，于大石之上供奉不动明王。神像乃龙盘踞于不动明王的剑上。此石和下游的雄石质地相同，是一对夫妇石。

据说黑泽谷（涩川）深处有大蛇，常袭击村民，故神像中共祭蛇身。自那以后，没发生过洪水，也不见大蛇穿过草地留下的痕迹，更没有人看到大蛇了。

2006年3月21日，我对这组石头进行了实地调查，雌石上供奉的俱利伽罗不动明王[6]石像（图10）高约70厘米，其背后刻有如下铭文：

⑥　俱利伽罗不动明王的形象为一条黑龙缠绕在一把利剑之上。——译者注

第八章 大蛇、海螺与天灾地孽

图10 雌石上供奉的俱利伽罗不动明王

天明六丙午年
愿主　涩川邑中
俱利伽罗大龙王
石工　织田伊兵卫
四月　吉祥日

　　根据雌石的传说，此不动明王由真光寺的大法师所奉，另外天明六年（1786年）四月，正是《山吹日记》中所记，黑泽谷法螺破土而出引起骚乱的时期。这次骚乱同样借助真光寺上人的法力才得以平息，故这些记录讲述的应该是同一件事。由此可知，世间确有龙蛇和法螺贝实为同类的想法。

这些怪物现身时总带有大量的水。换句话说，龙蛇和法螺贝长年共同居住的，正是大地之下充满水的异界。那里究竟被人们想象成了怎样的世界呢，这很值得我们深思。总之在古人的脑海中，天灾地孽正源自这个世界的"活动"。[33]

附记：本文对刊登于天理大学考古学、民俗学研究室编《从物和图像中探寻怪异妖怪的世界》（勉诚出版，2015年）的拙稿《大蛇、法螺贝和天地异变》进行了整理和删减。拙稿《蛇拔和法螺拔——引起天地异变的怪物》曾刊登于《国际论坛报告书　第45集　怪异妖怪文化的传统和创造　从内和外的视角出发》之上（http：//doi.org/10.15055/00002165），本论文摘录于此，并追加了部分资料，详细论点和出处请参见该文。

注

（1）桑原藤泰：《骏河记》上，足立锹太郎校订，[出版人]加藤弘造，1932。

（2）西村白乌：《烟霞绮谈》，载日本随笔大成编辑部编《日本随笔大成》第1期第4卷，吉川弘文馆，1975。

（3）近畿大学文艺学部编《本川根町　桑野山、泽间的民俗》，近畿大学文艺学部，2001。

（4）本川根町史编纂委员会编《本川根町史　资料编三　近

世二》，本川根町，2000。

（5）笹本正治：《蛇拔、异人、木灵——历史灾害与传承》，岩田书院，1994。

（6）日本国语大辞典第二版编辑委员会、小学馆国语辞典编辑部编《日本国语大辞典》（第二版）第六卷，小学馆，2001。

（7）静冈县编《静冈县史　别编二　自然灾害志》，静冈县，1996。

（8）都丸十九一：《地名的故事》，焕乎堂，1987。

（9）春日克夫：《关于阿仁町的地名（一）》，《秋田地名研究年报》二，1986。

（10）国学院大学民俗学研究会编《民俗探访》昭和三十八年度号，国学院大学民俗学研究会，1965。

（11）博文馆编辑局编《武将感状记》，博文馆，1941。

（12）阿部正信编《骏国杂志》卷廿四（上）至卷三十，吉见书店，1910。

（13）《角川日本地名大辞典》，1978—1990年发行。《日本历史地名大系》，1979—2004年发行。

（14）内务省地理局编《新编武藏风土记稿》卷之四十七，内务省地理局，1884。

（15）梶川武：《改订东浦地名考》，爱知县知多郡东浦町教育委员会，1988。

（16）柳田国男：《鹿耳》，载《定本柳田国男集》第5卷，筑摩书房，1968。

（17）林罗山：《丙辰纪行》，载幸田露伴编《文艺丛书　纪行文篇》，博文馆，1914。

（18）井原西鹤：《一目玉矛》，载颖原退藏等编《定本西鹤全集》九，中央公论社，1951。

（19）柳田国男编《山村生活研究》，民间传承会，1938。

（20）桑原藤泰：《骏河记》下，足立锹太郎校订，[出版人]加藤弘造，1932。

（21）中村高平：《骏河志料》二，桥本博校订，历史图书社，1969。

（22）沼津市史编委员会编著《旧村地志　金冈村志　鹰根村志　鹰根村沿革志》，沼津市教育委员会，1996。

（23）原小学编《原町志稿》，静冈县立图书馆藏。

（24）加藤锡太郎编《岩津町志》，岩津町公所，1936。

（25）松浦静山：《甲子夜话》二，中村幸彦、中野三敏校订，平凡社，1977。

（26）铃木胜忠、岩田秀行、室山三柳、八木敬一、渡边信一郎：《〈俳谐木叶集〉轮讲　一七》，载《季刊古川柳》四九，1986；《〈俳谐木叶集〉轮讲　一八》，载《季刊古川柳》五一，1986；《〈俳谐木叶集〉轮讲　二一》，载《季刊古川柳》五九，1988。多田光：《海螺拔》，载《季刊古川柳》七三，1982。

（27）泽田四郎：《户仓峠》，载《还记得山里的事儿吗？》，创元社，1969。

（28）杂贺贞次郎：《牟娄口碑集》，乡土研究社，1927。

（29）详细内容见齐藤纯《道灌山的海螺拔——瓦版的怪异故事及其背景》（《闲话研究》13，2003）、《海螺妖怪》（《怪》vol.0041，KADOKAWA，2014）。

（30）本岛知辰：《月堂见闻集》下，载森铣三、北川博邦监修《续日本随笔大成》别卷四，《近世风俗见闻集四》，吉川弘文馆，1982。

（31）涩川市市志编纂委员会编《涩川市志　第四卷　民俗篇》，涩川市，1984。另外，请参考都丸十九一《带法螺的地名》

(《地名的故事》，焕乎堂，1987）。

（32）奈佐胜皋：《山吹日记》，载榛东村志编纂室编《榛东村志》，榛东村，1998年收录。

（33）另请参见齐藤纯：《法螺怪——为了地震鲶和灾害的民俗》，载筑波大学民俗学研究室编《心意和信仰的民俗》，吉川弘文馆，2001；《关于法螺拔传承的考察——法螺与咒宝》，《口承文艺研究》25，2002；《东京湾的精灵——这片海、那座山究竟是如何形成的》，载小长谷有纪编《从古代传说学环境伦理——培育自然之心　听读系列》，黑石出版社，2009；《灾害与法螺贝——水精灵的消息》，《土木技术》75卷10号，2020。

第九章

变化的灾害纪念物
——有关灾害记忆的动态

川村清志

一　纪念物表达的历史和记忆

　　人，如何将重大灾难的经历定格在记忆之中？又如何同他人共有在此期间发生的不计其数的生离死别和各式各样的痛苦悲伤呢？说到底人真的能理解他人的痛苦和悲伤吗？站在纪念重大灾害的建筑物前或在此举行大规模活动时，我的脑海中总会闪现这些问题。

　　在这些问题的驱使下，本文聚焦于现代日本自然灾害纪念物传所达的表象及信息等，厘清多数纪念物被纳入国家制度和体系的过程，同时查证与上述过程似是而非的推动个别组织化运动的存在。

　　凡文中介绍之物，无论其有无历史性，也不分规模大小，全部称为纪念物。英语的 monument 源于 monumentum 一词，该词由意为"想出来，回忆起"的拉丁语动词派生而来，通常被译为"纪念碑、纪念物"，即为了纪念某些历史事件、为了唤起人们的记忆而留存的古物及新制作的物件。[1] 本文讨论的自然灾害就涉及多种纪念物，有等身大的石碑，也有巨大的建筑物遗迹；有海啸石等自然物，也有个别艺术家的作品。虽然纪念物的种类繁多，但大都受制于现代的社会状况和经济状况。

近代以后国民国家的纪念物，大都将国家固有的想象力赋予了民众。人们常因纪念物被统合在一起，融于制度的安排之下。它不一定伴有经济上政治上的强制力，却成了人们积极寻求的纽带，促使自身归属于国家和体制的装置。[2] 站在纪念物前，通过共有铭刻于石碑上的记忆，自己乃国民一员之事便内化于心了。

皮埃尔·诺拉等人曾对法国国民的诞生进行过广泛的讨论，而上述视角在其研究中亦有所体现。[3] 他们用俯瞰的视角重新把握国民诞生的现场，对一系列"记忆之场"及共同记忆展开了讨论。[4] 论及国民创建的同时，其多样的论述中还展示了将逐级分层的纪念物作为集体记忆进行重新把握的新视角，而这种逐级分层包括从以一元历史（正史的象征）为目标的国民规模纪念物，到共同体级别或个别主体创造的象征物。在日本，人们也曾以阪神大地震后设立的纪念物为中心进行过多方讨论。[5]

本文在这一讨论的延长线上，欲重新认识东日本大地震后自然灾害纪念物的诸相。在最现代的日本，建造统合国民的纪念物一事似乎异常冷清。国民对于纪念物一般不置可否，甚至仅作计数之用。从国宝及重点文物为代表的文化遗产来说，国民这一概念常被作为确保其价值的存在。

第九章　变化的灾害纪念物——有关灾害记忆的动态

不过转念一想，这也是巧妙周到地统一各个主体价值观的一种制度吧。难道它不是创造了任何人都无法否定的价值观上的等级制度，将官方的历史和文化镌刻在地方记忆及个人回忆之上了吗？

然而正如共同记忆的讨论中所示，纪念物的表象中经常包含对抗整体化的解释和纠葛。而这一视点的对侧，亦可窥到摸索对抗一元化记忆及政治、经济权力构造的历史与记忆之法。作为大众这一自由主体描绘自身轨迹的记忆形式，理应为通向复数性和多样性留些余地。

此外，本文还探索了灾难纪念物中异于整体化的可能性。20 世纪末以后，日本地震纪念物在设置的过程中，整体性制度化的推进十分周密，我们应加以确认。例如，我们很难去批判官方认定的具有历史文化意义之文物的保存和利用。另外，也无法否定日常了解灾难发生的机制，以及学习防灾减灾知识的做法。但有"正史"做后盾的价值观和合理的生活样式中，一定存在着难以顾及的个人体验和记忆。

本文不从正面与制度化和整体化进行对抗，而是接受公权力布置下的制度和环境，同时探寻能够承载个别实践和记忆之纪念物的可能性。接下来笔者以宫城县气仙沼市为具体事例，对东日本大地震后纪念物的形成过程作以简介。

二 东日本大地震的纪念物——以气仙沼为例

气仙沼市位于宫城县东北部太平洋沿岸（图1）。[6] 该市利用三陆特有的里阿斯式海岸地形，大力发展渔业、商业等支柱性产业。沿岸的渔业自不必说，近世后期以海苔为首的牡蛎、海鞘、扇贝、海带、裙带菜等海水养殖业也十分兴盛。

三陆冲作为世界上屈指可数的渔场，是秋刀鱼、鲣鱼、金枪鱼、旗鱼等近海、远洋渔业的重要基地。然而这种复

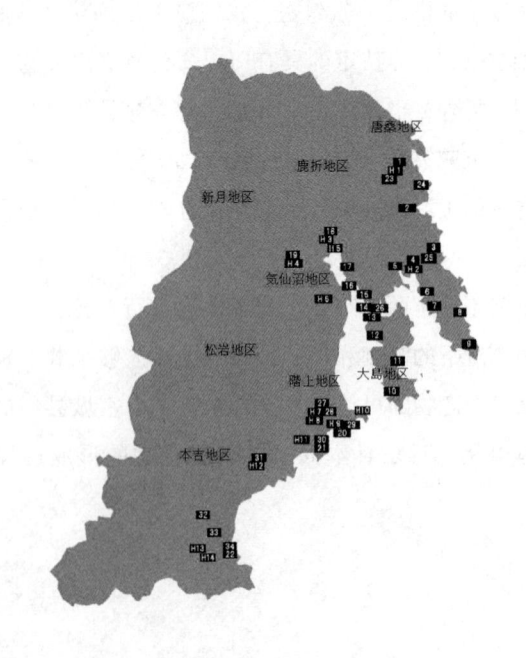

图1 气仙沼市的震灾纪念碑分布

第九章 变化的灾害纪念物——有关灾害记忆的动态

杂的锯齿状地形，也是加重东日本大地震中海啸灾情的最主要原因。市内的死者和失踪者达 1432 人，受损房屋达 15815 栋。油轮泄漏的油起火后，蔓延至沿岸的住宅和森林的惨状，相信很多人都通过电视有所目睹吧。

包括气仙沼在内的三陆沿岸被称为"海啸常袭地带"，曾多次遭受海啸的侵袭。东日本大地震前这里就有许多纪念碑，传递着该地遭受地震和海啸的记忆。本文首先介绍一下曾经的"海啸纪念碑"，在此基础上对大地震之后的纪念物诸相进行考察。

海啸纪念碑（慰灵碑）

据统计，气仙沼市内明治、昭和时期的海啸（津波）"纪念碑"共计 34 座。如表 1 所示，明治时期 13 座，昭和时期 21 座。[7] 明治、昭和纪念碑中，22 座遭到了东日本大地震海啸的袭击，其中 13 座被冲走或冲倒。岩手县宫古市姊吉地区的昭和三陆大津波纪念碑，作为严禁在低洼处建房的警示碑远近皆知。不过，气仙沼的纪念碑却多建于海岸附近。[8] 这些纪念碑向不得不在海边谋生的人们传递着某些讯息。这些被冲走的石碑，让人们在事后承认纪念碑发出的警告绝非虚言，从这个意义上来说，纪念碑发挥了它的功能。

表1 气仙沼明治、昭和海啸纪念（慰灵）碑

	所在地	现状	碑铭	灾难
1	大泽：加茂神社	半坏、转移	大震啸灾纪念	昭和三陆海啸
2	只越	转移	大震啸灾纪念	昭和三陆海啸
3	石浜	完好	大震啸灾纪念	昭和三陆海啸
4	宿：早马神社	完好	大震啸灾纪念	昭和三陆海啸
5	舞根	完好	大震啸灾纪念	昭和三陆海啸
6	鲔立：八幡神社	半坏、修复	大震啸灾纪念	昭和三陆海啸
7	小鲭：鲭渔港	完好	大震啸灾纪念	昭和三陆海啸
8	泷浜：泷浜渔港	转移	大震啸灾纪念	昭和三陆海啸
9	御崎：津波体验馆	完好	大震啸灾纪念	昭和三陆海啸
10	大岛：横沼	完好	震啸纪念	昭和三陆海啸
11	大岛：长崎	完好	MEMORIAL OF THE GREAT EARTHQUAKE AND TIDAL WAVE	昭和三陆海啸
12	大岛：矶草	完好	震啸纪念	昭和三陆海啸
13	鹿折：三之浜（鹤浦）	完好	大震啸灾纪念	昭和三陆海啸
14	鹿折：二之浜（梶浦）	因道路施工转移	大震啸灾纪念	昭和三陆海啸
15	鹿折：小小汐	倒塌、修复、转移	大震啸灾纪念	昭和三陆海啸

第九章 变化的灾害纪念物——有关灾害记忆的动态

(续表)

	所在地	现状	碑铭	灾难
16	鹿折：大浦	转移	大震啸灾纪念	昭和三陆海啸
17	鹿折：浪板	半坏、转移	大震啸灾纪念	昭和三陆海啸
18	鹿折：东港町	倒塌、修复、转移	大震啸灾纪念	昭和三陆海啸
19	本町：观音寺	转移、倒塌	三陆灾害惨死精灵	昭和三陆海啸
20	阶上：明户	流失、下落不明	大震灾纪念	昭和三陆海啸
21	大谷：大谷渔港	流失、下落不明	震啸纪念	昭和三陆海啸
22	小泉：今朝矶	完好	大震灾纪念碑	昭和三陆海啸
23	大泽：台下墓地	完好	海啸溺死三界万灵供养碑	明治三陆海啸
24	馆：洪龙寺	完好	海啸溺死精灵供养	明治三陆海啸
25	宿：地福寺	流失、下落不明	海啸纪念碑	明治三陆海啸
26	鹿折：三之浜	完好	大海啸溺死者心灵碑	明治三陆海啸
27	阶上：地福寺	流失、下落不明	海啸纪念碑	明治三陆海啸
28	阶上：地福寺	流失、再现、转移	三陆大海啸物故者百年忌供养纪念碑	明治三陆海啸
29	阶上：明户	流失、下落不明	明户灵园由来之碑	明治三陆海啸
30	大谷：大谷渔港	流失、下落不明	震啸纪念碑	明治三陆海啸

(续表)

	所在地	现状	碑铭	灾难
31	大森：清凉院	完好	海啸祈念碑	明治三陆海啸
32	圃之泽：净福寺	完好	海啸碑	明治三陆海啸
33	小泉：小泉大桥	流失、下落不明	有缘无缘三界万灵塔	明治三陆海啸
34	小泉：今朝矶	完好	海啸溺死者精灵之塔	明治三陆海啸

另外，除被冲走或下落不明的纪念碑外，其他全部在日后的修复活动中得以补缀并重新安置。这些石碑的安置情况在思考纪念碑的意义上颇为有趣。如鹿折地区东港町的海啸纪念碑，位于鹿折川万行泽桥的下游，三町交界的十字路一侧。地震时海水倒灌，石碑的底座被连根拔起，倒扣在地（图2）。直到2013年春，由于河道整修，才被

图2 鹿折川海啸纪念碑，2012年摄

第九章 变化的灾害纪念物——有关灾害记忆的动态

临时搬至河道上游的寺庙旁，2019年整修结束后，又被重新安置在了原址附近。

同样是鹿折地区的小小汐海啸纪念碑，位于村庄船舶避风港出入口附近的防波堤旁。对于当地的渔民来说，或许是每天必见之物。在海啸的冲击下，该石碑也从根部折断，倒扣在底座之上。隔着马路几米开外的地方，还立有金比罗[①]大权现和金花山（金华山）的石碑。根据碑后的文字可知，前者建于明治二十年，而后者则建于幕末时期。特别是金比罗碑，还有固定的祭日，受当地百姓崇信。这些石碑也在此次海啸中倒塌，2012年的夏初，小小汐的百姓对其进行重建。2018年，长时间倒伏在底座上的海啸纪念碑被安置在了金比罗碑旁（图3）。

这些区域内重建的昭和海啸纪念碑，镌刻着东日本大地震这一新的有关地震的记忆。区域标志性石碑重建的过

[①] "金比罗"源于古印度"金毗罗"，在日本神道教中被奉为海上守护神。——译者注

图3 小小汐纪念碑和金比罗碑，2018年摄

程中，受灾纪念物被巧妙地用作了肩负起集体记忆的媒体。关于这一倾向，我们应与后面将要论述的作为群体纪念物的生成问题放在一起进行讨论。

在此之前，我想指出关于昭和、明治海啸纪念碑的几个特征。首先，昭和海啸期间，媒体推动了纪念物的设立。东京和大阪的朝日新闻，自海啸发生的第二天起就通过报纸发起募捐。截至5月底报社收到的款项约为212 997日元。其他报社同样举行了募捐活动，但朝日新闻不同于其他报社的资金分配方式，21万多的赈灾款中有5万日元被作为"灾害纪念碑"的建设资金，发给了三陆受灾的三县。

纪念碑的尺寸统一规定为"高5尺、宽大于2尺5寸（包括底座）"，必须"注明受害情况以及海啸袭击的范围等可供后人参考的信息"。另外必须附有"若来地震，当心海啸！"的标语，碑后也必须写明建造资金来源于朝日新闻的赈灾款。通过标语可知这些纪念物明确以教训和警示为目的。

昭和海啸纪念碑的建造离不开媒体的引领和地区间的标准化。另外，有的碑文还写道"承蒙两陛下救恤之金，更有皇后陛下特赐衣料针线……大慈大仁感激不尽"，注明此乃皇室"恩赐"的"抚恤金"。从中我们还可以看到通过灾害对国民（臣民）再表象再统合的意图。

此事若和地方留存的明治三陆大海啸纪念碑进行比较就更加显而易见了。从死者数量等受灾程度上来看，明治大海啸超过了昭和大海啸，因此地震之后各地纷纷建立纪

第九章 变化的灾害纪念物——有关灾害记忆的动态

念碑。不过,这些大多是建在神社和寺院的慰灵碑和安魂碑。以气仙沼为例,明治大海啸的纪念碑多数都建于寺庙或墓地之内(参考表1),碑面刻有慰灵和安魂的文字,或以一般人不常用的汉文书写的碑文。这些文字与其说是向地震后的人们,不如说是向在地震中死去的人们传递的信息。

内湾地区登记文物群的修复和保存

气仙沼湾的最内侧,昔日渡船码头附近被称作内湾地区,战前就是气仙沼的核心区域之一。不过,由于临海区域海拔较低,海啸的危害也较大。受灾的建筑中,有许多建于昭和初年的国家登记文物。而震后最先开始的正是对内湾地区登记文物的整修重建工作。整修对象包括南町小野健商店的土房、千田家住宅(地震后登记)、鱼町的角星店铺、男山本店店铺、武山米店店铺。市以及负责文物的教育委员会等还成立了"气仙沼待风复兴检讨会",大力推进重建计划(图4)。[9]

这些文物古建虽为个人所有,但作为公共性很高的"文物",也被看作复兴的象征。对此,所有者们也表示理解,人们利用这些建筑多次举办活动和展出。图5是当地的小朋友在小野健商店体验土房"漆喰"[2]的活动场面。小野健商店作为批发商主要销售从气仙沼港卸下来的海鲜。修复的土房作为展示气仙沼渔业资料的陈列室正逐渐得以完善。

② 日本独特的涂料,在消石灰中加入其他原料制成。——译者注

图4 临时安置的角星店铺，拍摄于2015年

图5 小野健商店土屋前体验"漆喰"的场景

如上所述，内湾地区大力推进将受灾建筑转变为纪念物的工作。这些建筑物中主要是从事酒水、大米、鱼类批发零售，对气仙沼经济文化起到支撑作用的商家。这些住户和店铺，地震前就承担了一定的公共性，无论从社会层面还是从景观层面，对当地居民来说几乎无人不知、无人不晓。虽然得到了国家的援助，但将市内建筑修复改建为复兴标志一事，应该说还是依照了地方的要求。

新型纪念物——社区、宗教设施、艺术作品

大地震后，气仙沼各区域纷纷建造新的纪念物。这些纪念物大都建于寺庙等宗教场所或学校、公园等公共场所。目前统计到的新纪念物如表2所示。如气仙沼市大谷的望海高地上立有地藏菩萨像和纪念碑。2012年该市本町的观音寺内又设立了以观音像为中心的"东日本大地震慰灵碑"。这些建于社区及寺庙神社内的纪念物，多以慰灵或镇魂为名。

另外还有出自艺术家之手的装置艺术和造型艺术。阶上地区地福寺周边就建有若干以震后复原复兴为主题的作品。阶上地区位于气仙沼市偏南的区域，距内湾地区约15分钟车程。从寺庙稍向南行，有一座石头雕像。该作品名为"罗汉案山子"（图6），由居住在长野县的雕刻家大场敏弘所造，2011年（平成二十三年）入选二科展。附设的石碑上刻着"我脑海中浮现的是立于瓦砾荒野之上孤高的案山子（稻草人）。每刻一道，每敲一下，我都在思考何种力量可至人心，于是将此念化作罗汉，造此石像"。

表2　东日本大震灾纪念（安魂）碑

	所在地	立碑年份	碑铭
H1	大泽	2018	东日本大震灾亡者慰灵碑
H2	宿：早马神社	2012	大津波到达点　子子孙孙永传
H3	鹿折：锦町	2017	鹿折津波记忆石　留给未来的话
H4	本町：观音寺	2013	东日本大震灾慰灵碑
H5	鹿折：延命地藏	2019	镇魂碑
H6	松岩：古命馆八幡神社	2014	东日本大震灾慰灵碑
H7	阶上：地福寺	2012~	祈祷广场、其他
H8	阶上：命之森	2012	罗汉案山子　东日本大震灾大津波
H9	阶上：杉之下	2012	绊　不会忘记你
H10	阶上：岩井崎　琴平神社	2015	东日本大震灾记录
H11	大谷：复兴之丘	2012	樱地藏　镇魂
H12	大森：清凉院	2013	慰灵观音
H13	小泉	2012	东日本大震灾大津波
H14	小泉：小泉小学	2012	海啸的教训

图6　罗汉案山子，拍摄于2017年

第九章　变化的灾害纪念物——有关灾害记忆的动态

地震遗迹和博物馆展示

再介绍一些规模更大的纪念物。东日本大地震后"地震遗迹"很快成了脍炙人口的词汇。[10] 地震遗迹多以巨型建筑物、建造物为主，如实地讲述了地震或海啸造成的灾害情况。如岩手县大槌町的大槌小学遗址、宫城县南三陆町旧防灾对策厅舍、气仙沼市第十八共德丸等均为震后早期的代表性遗迹。有些由国家和行政团体出资修建，作为探寻灾害、战争等人类惨痛经历及回忆的黑色旅游景点，也有些在当地居民的反对下被迫拆除。

目前，地震遗迹作为"震灾传承设施"，按照整修情况实施标准化建设。国土交通省在其主页上将"震灾传承设施"分成三个等级，并在地图上加以标注。划分标准主要基于前往该地的便利性。第一类是广义上有关地震教训警示的纪念物；第二类是其中"公共交通便利、附近有收费或免费停车场等方便游客前来的设施"；第三类是"配备导游讲解人员等方便游客了解遗迹的设施"。[11] 第三类作为观光地是最方便、服务最到位，也是规模较大、需要投入较多预算进行维修保护的设施。此外，这些景点已被制成地图，只要按照地图，就可以周游上述传承设施了。

在气仙沼，有位于该市东部唐桑地区的"唐桑半岛游客中心海啸体验馆"，位于市中心稍偏内陆方向的赤岩牧泽"Rias ARK 美术馆"，位于地福寺附近的原县立向洋高

295

中校舍均为第三类传承设施。前两者建于东日本大地震前，地震后被改造成了记录和展示东日本大地震的设施。而原县立向洋高中校舍，在对周边进行完善，对校舍进行加固后，于2019年3月作为"气仙沼市东日本大震灾遗迹·传承馆"向公众开放（图7）。

如前所述，地震遗迹中多为表现地震痕迹的巨型建筑物。向洋高校遭受了海啸的正面袭击，海水淹没至校舍三楼。但学生们第一时间逃到屋顶侥幸逃生。当时，第十八共德丸作为候补遗迹的计划在当地民众和船主的反对下搁浅，但向洋高校由于师生全员幸免，因此反对将其留作遗迹的意见较少，当地也有意将此建筑物留存。

进入对外开放的传承馆，映入眼帘的是十几分钟介绍海啸袭击气仙沼的视频。之后可参观受灾校舍的各楼层，最后于学生们避难的屋顶放眼四周。散乱的教学材料和冲进三楼的汽车依旧是受灾时的原貌。转完校舍后，陈列有

图7 气仙沼市东日本大震灾遗迹·传承馆，2019年摄

第九章　变化的灾害纪念物——有关灾害记忆的动态

气仙沼各地受灾情况的图片，而最后的展区则通过影像介绍了气仙沼市受灾群众的后续生活。[12]

复合化的纪念物

最后，虽和上文稍有重复，我还想介绍一下纪念物复合化的事例。所谓复合化的纪念物就是指由来、时代或建设主体不同的纪念物处于同一空间的状态。

例如，鹿折地区重建的延命地藏祠堂就是其中一例。鹿折川浪板桥旁原有一座地藏堂，供奉着近世后期制作的地藏菩萨和庚申塔。该祠堂同东港町的海啸纪念碑一样，也被沿鹿折川逆流而上的海啸冲走了。震后不久，地藏菩萨和庚申塔在原址重建，周边也得以完善。后来，由于护岸工程的需要，石像石塔等被临时安置在了上游东中才的净念寺中。工程结束后，又在原址附近的路旁建了一座小庙，用以安置地藏菩萨和庚申塔。与此同时，又新建了一座东日本大地震的镇魂碑（图8）。

另外，在城市东部的唐桑大泽地区，地震慰灵碑周围放着许多受灾物。中间的慰灵碑，刻着东日本大地震中当地死者的姓名。后面为昭和海啸纪念碑，原本建在附近的贺茂神社，因海啸受损后移至此处。另外还摆放着从河川上游冲下来的地藏菩萨像，以及因海啸被毁的船钟"和之钟"（图9）。

阶上地区的地福寺内也安置有多种纪念物。震后不久人们便造了一座祈愿广场（图10），中间是按照水淹的深

297

图8 鹿折延命地藏，2019年摄

图9 大泽地区的东日本大震灾慰灵碑，2019年摄

第九章 变化的灾害纪念物——有关灾害记忆的动态

图 10 地福寺的祈愿广场，2015 年摄

图 11 海洋生灵供养碑，2017 年摄

度设立的地藏王菩萨像。后来因海啸丧命的亡灵安魂碑，被海啸冲走的东西，以及失而复得的明治海啸慰灵碑都摆放于此。此外，一旁还立有"海洋生灵供养碑"和展示受灾情况的地图（图11）。如上文所述，地福寺周边还设有"罗汉案山子"等，由此组成了广泛的纪念物群。

三 物语和纪念物

接下来简要梳理下气仙沼市纪念物的诸相。应注意的是，东日本大地震前这里就存在着有关灾害的纪念物。特别是针对明治、昭和大海啸的纪念石碑数量众多。首先我想确认一下这些镌刻在石碑上信息的定位问题。如前所述，明治海啸的纪念碑中多数以"镇魂、慰灵"为主。与此相对，昭和海啸的纪念碑中多为提防海啸的标语，传递着"警讯、警示"的信息。[13] 明治的纪念碑包含了共同体层面的意识，以安抚熟知死者的灵魂为主，昭和纪念碑则作为大众传媒和国家项目，大都向幸免于难的人们传达教训和警示的信息。此般做法，在1995年（平成七年）阪神大地震后纪念物的展开过程中愈加组织化规范化，这也反映在了东日本大地震的纪念物之中。

当然这并不意味着不再对死者表达情绪。阪神地震中，共同体和宗教团体中建造的设施与官方设施相对，多数纪念物以安魂慰灵为宗旨。而这一倾向，在气仙沼修新建的纪念物中也被延续了下来。

第九章　变化的灾害纪念物——有关灾害记忆的动态

其次，再关注一下纪念物作为文物的保护问题。气仙沼的许多建筑物由于是登记文物而得以修复。我们可以将此理解为通过文物保存及利用的实践进行的纪念物创造。顺便说一下，宫城县名取市的闸上地区和岩手县的陆高田市，也大有将受损的海啸碑和金石碑指定为市级文物的趋势。纪念物作为文物登上历史舞台还是阪神大地震之后的现象。兵库县淡路市的"野岛断层保存馆"中，保存着引发地震的野岛断层的表层部分。而该断层在开馆（1998年）之前就被指定为国家的天然纪念物。文物保护法指定的文物，作为保存的对象又成了纪念物。

再次，就是地震遗迹以及传承设施的保存问题。上述断层的表层在某种意义上来说也可以看作地震遗迹。移入"野岛断层保存馆"的房屋和神户市长田区防火壁，同样作为馆内设施述说着地震的场面和因地震火灾受损的情况。此外，神户港的码头也是描述地震发生时的典型遗址。这儿保存着部分当时遭受破坏的岸壁，时常举办地震相关的展示活动。这种对遗迹保存的尝试，和同一时期对因长崎县云仙普贤岳喷发（1991年）受损的旧大野牧场小学校舍的保存，以及后来因新潟县中越地区地震（2004年）被掩埋的原山古志村民房进行"原状保存"的手法大致相同。[14] 气仙沼的旧向洋高中就是在此背景下才诞生的。

这些设施中，上述的教训警示信息更加有组织、有体系，不仅对地震海啸或者火山喷发等灾害的机制进行了解释，对历史及地理背景也有所提及。其目的就在于普及现代的防灾减灾相关的科学理念。

最后，还应留意一下前往这些设施和纪念物的"巡礼"活动[15]。如前所述东日本大地震后，国家主推通过到访传承设施系统学习地震经验的路线。另外，互联网上还出现了知识分子和宗教团体介绍东日本大地震巡礼线路的相关网页。[16]

阪神大地震后有关纪念物的巡游活动原本以 NPO 等民间组织为主进行企划运营。通过巡游若干纪念物，跨越式体验安魂慰灵及教训警示等不同信息。每年围绕神户市中央区东游乐园的纪念物进行的"1·17 希望之灯"巡游活动，同样在多方自发的运营下得以为继（图 12）。每年地震发生的 1 月 17 日，多所学校和地区都会参与分灯活动。人们把"希望之灯"移至灯笼再提回家中。而前往纪念物处这一行为本身就是在更新对地震的记忆。

新潟县中越地震后，若干遭受地震袭击的自治团体将纪念物合在一起，共同打造了"中越记忆走廊"这一巡礼路线。这一线路由自治体和社团法人等官方组织运营，推出了纪念物和资料馆参观的标准化黑色旅游。针对东日本大地震，不仅有某一区域的巡礼，还有国家主导下广泛的纪念物参观。另外，跨越三个受灾县的周游图，还有将各自的受灾记忆还原至观光旅游的含义。

综上，东日本大地震的纪念物继承并拓展了 20 世纪末以后灾害纪念物表现出的许多侧面。从建设方的多层性到接受方的多样性，或者传递的信息的多样性，都在不特定多数的大众这个摇篮中被酝酿被构建出来了。

第九章 变化的灾害纪念物——有关灾害记忆的动态

图12 1·17 希望之灯,神户市东游乐园,2013年摄

四 通向制度化网格和多样性的曲折之路

纪念物及针对这些纪念物的弹性制度,被设置得越来越巧妙和狡猾。从受害者视角培育起来的巡礼活动也开始被统合至组织化、制度化之中。另外,文物制度也推动着共同体的标准化。标准化巡礼路线下主导的黑色旅游,文物制度下对纪念物进行的保护,都是官方组织为了平衡、

303

控制灾后社会实行的权力配置。当然，其中行使的权力，如上所述也是包含受害者在内的大众希望得到的。本文虽未详述，但纪念物标准化、统合化的过程中，媒体发挥了巨大的作用。报纸及电视对地震遗址的反复报道，有识之士一遍一遍地提议，最终让大众接受并知晓。

那么，真的能同这种规格化和制度化抗衡吗？我们应注意到气仙沼的例子中纪念物群跨越式的自我组织能力。我们介绍了气仙沼地区震灾记忆形成的过程中，若干纪念物被统合在一起的例子。其中阶上的事例最为明显，受灾地区以外的他者创作的作品也被纳入其中。

纪念物群中，不同时代、拥有特定记忆的东西，共同存在于松散的联系之中。一方面，这些纪念物通过共有的空间，以"群"的方式不断唤起人们对东日本大地震的回忆。但不同时代、不同地域的特定记忆并非仅仅统摄于大地震的记忆之中。它们确保着多重记忆的同时，还蕴藏着联通新记忆的可能。这种自我组织化的力量，拥有不同于制度化纪念物的神秘力量。或许这种力量就是人们从地震的记忆中走出来的行为轨迹吧。

当然，纪念物以群的形式展开的事例，并非始于东日本大地震。阪神大地震的野岛断层保存馆中，也有从附近移来的受灾住宅及其他地区的防火壁。另外，神户市须磨区的须磨寺内，也安放着从受灾地区收集来的地藏菩萨像。官方设施以及宗教设施中的纪念物群，也并非鲜见之物。这些同阶上地福寺的事例或多或少都有所关联吧。

第九章 变化的灾害纪念物——有关灾害记忆的动态

气仙沼并非沿袭昔日的旧例,也并非完全受制于计划性的目的和方针。毋宁说,最先让人想到的正是图 13 这般乍一看不明所以的祭坛。该祭坛立于被撤掉的"第十八共德丸"旁。2012 年夏,这一狭窄的空间安放了基督教、佛教、神道、咒具等各类物品。这些东西的目的不在于教训和警示,同镇魂、慰灵也有所不同。但还是回荡着尚未平复的感情和思念,以及无声的恸哭。这种杂糅的特定想法和心愿,正源自那些不特定多数的大众。

图 13 第十八共德丸祭坛,2013 年摄

祭坛之上虽未摆满纪念物,却充满了他们的心声。从纪念物成群的力量中,我们大概能看到未定型想法的一鳞半爪。这些纪念物群作为不同背景和想法增殖交错的实践,正在陆续展开。而面对这些纪念物时,我们最需要的恐怕就是一种能力,以解读其背后仍在盘旋、仍在跃动的尚未

理好、尚未痊愈的思绪吧。

注

（1）因为纪念物是"令人回忆的东西"，所以以社会象征或集体记忆为主题的多种领域都成为其研究对象。从史前的环状石、古代坟墓，到近代的巨型建筑和战争遗物，再到现代艺术家的雕塑和装置艺术，实际上各种各样的事物都可以在纪念物的范畴内进行讨论。

（2）本尼迪克特·安德森：《想象的共同体——民族主义的起源与流行》，白石隆、白石SaYa译，李夫洛波特，1987；艾瑞克·霍布斯邦、特伦斯·兰杰：《被发明的传统》，前川启治、梶原景昭等译，纪伊国屋书店，1992。

（3）请参见皮埃尔·诺拉编《记忆之场——法国国民意识的文化社会史》第一卷《对立》、第二卷《统合》、第三卷《摸索》，谷川稔译，岩波书店，2002、2003、2003。

（4）阿部安成等编《记忆的形式——记忆的文化史》，柏书房，1999；森村敏己：《关于记忆与记忆的表象功能》，《历史学研究》742，2000。

（5）关于阪神大地震的纪念物，请参见地震纪念物地图制作委员会、每日新闻震灾采访组编著《震灾纪念物巡游——难以忘记的1月17日》（叶文馆出版，2000），今井信雄《死、近代同纪念行为——从阪神·淡路大震灾的"纪念物"看到的现实》（《社会学评论》51—54，2000），《关于阪神大地震'记忆'的社会学考察——以受灾地制作的纪念碑为例》（《索西奥口治》47—2，2002）等。

（6）战后的1953年（昭和二十八年），气仙沼市由气仙沼町与鹿折町、松岩村合并实行市政运营。两年后的1955年，阶上村、新月村、大岛村也并入其中。其后以平成大合并为契机，2006年（平成十八年）与唐桑町、2009年与本吉町合并，形成了现在的市域。

（7）请参考白幡胜美、佐藤健一《气仙沼市的明治昭和三陆海啸关系碑（供养碑、纪念碑、界碑等）》（白幡胜美，2014）。

（8）岩手县宫古市姊吉地区的纪念碑上写着"高的住宅乃为子孙着想，惨祸的大海啸，请勿在低处建房"。姊吉地区在明治、昭和的两次海啸中遭受巨大损失，因此全村移至高地。据说，因为该地居民谨遵石碑教诲，没在海滩附近建房，因此躲过了此次海啸。过去的震灾记忆，常被作为未来的教训。但这样的例子毕竟是少数，并不是所有的纪念碑都可以作为教训和警钟的。顺便提一下，姊吉的"纪念碑"也是用报社的补助金建立的，作为更具体的警示，严禁在海岸建房。

（9）2017年，小野健商店的仓库被修复，接着武山米店也得以重建。角星店铺经过若干阶段的维修，于2016年在震灾前的原址重建。2020年7月，男山总店以原本的三层建筑形式俯瞰气仙沼湾。男山总店的一二层被海啸冲毁，只有三层勉强留在了所在地。经过约9年的时间，包括一二层在内的重建工作宣告完工。

（10）参小川伸彦：《物与记忆的保存》，载荻野昌弘编《文化遗产的社会学——从卢浮宫到原爆纪念馆》，新曜社，2002。

（11）震灾传承网络协议会事务局"震灾传承设施"请参照http：//www.thr.mlit.go.jp/sinsaidensyou/sisetsu/index.html。

（12）虽将此传承物归为第三类，但气仙沼市的"Rias ARK"常规展却采用了与其他地震展截然不同的展示方法。关于纪念碑整体化的讨论中，必须验证这一地震展，但由于篇幅所致只能忍痛割爱。对此文章我亦欲重新斟酌。

（13）当然，我们无法单纯地区分安魂、慰灵、教训、警钟，就算从面对纪念碑之人的视角出发，解释也会发生变化。有关受众方面错综复杂的问题，请参见川岛秀一：《生活在海啸的城市》，富山房国际，2012；川村清志：《警钟与镇魂——"纪念碑"中蕴含的"智慧"》，载日本国立历史民俗博物馆编《东日本大地震与气仙沼的生活文化　图录与活动报告》，历史民俗博物馆振兴会，2013。

（14）现状保存是指按照遗迹或有形文化资产的初期状态进行保存。为了使"现状"不再恶化，有时会采取隔绝室外空气或延缓劣化进程的措施。为了防止地震中残存的建筑物进一步受损，人们会对其进行抗震加固处理。不过也有人认为经年累月的劣化是残存建筑物的自然所归，因此不做任何处理。

（15）巡礼原本是通过向某一宗教圣地或圣域的移动体验以及到达该场所，从而实现从俗向圣重生的行为。但近年来，非主流文化领域也开始使用该词，将前往带有特定目的且具有故事性的场所，称为"巡礼"。由于黑色旅游也慢慢使用该词，因此对于表面上不带有宗教含义的移动，我希望使用"巡礼"一词。

（16）例如"东北巡礼项目"（https：//touhoku-ohenro.jp/index.html）由成立于 2011 年的社团法人运营。其目的在于"从福岛县至青森县的沿岸地区选取祭奠、安魂的巡礼之地，找到希望能够流传千年的故事，使其成为'心灵坐标的故事'"。该社团制作了《东北巡礼地图》和设立了标柱，还举办了促进地域间交流的活动。2012 年 3 月共选取巡礼地 93 处（青森 2 处、岩手 28 处、宫城 36 处、福岛 27 处）。寺院巡礼地的网络化也在推进之中。"陆奥巡礼"（http：//michinoku-junref.com）由社团法人（设立于 2014 年）运营，该社团希望创设一个"祈祷场所"用以祭奠东日本大地震的死者。该社团的巡礼地主要为受灾地及其周边的寺院，截至 2021 年 2 月，已有 47 处（岩手 11、宫城 33、福岛 3）。

研究笔记

火灾、戏文、人名
——以《假名手本忠臣藏》的戏仿文为中心

伊藤慎吾

序言

近世后期，各类文艺活动百花齐放。把握整体实属不易，但灾害和意外等大事件的确勾起了人们的创作欲望。如1858年（安政五年）出版的《"末代噺语"帚寄草纸》就以霍乱为题进行了创作。通过《〈御死/青脸〉来世行路速速睡》这一标题，我们就能感受其中的黑色幽默①，而净琉璃太夫中有"死本佃太夫""同变死太夫""同筑地太夫"，三味线演奏者中还有"死本顿死"等名字，甚至还出现了"死者过多，出乎意料，请慢些死！"等标语。放在现代，这些表述一定饱受非议，但在当时，此类作品却非常之多。林美一认为其存在的理由正是为帮人们从灾难中站起来。(1)

文政十二年（1829年）三月二十一日，江户遭遇火灾。当时，有关此事的笑话、川柳、狂歌、狂诗等作品层出不穷。本文选取以火灾为题的戏仿文《火难出本烧进藏》（抄本一册），把握该作品戏仿《假名手本忠臣

① 标题中都是和死相关的表述，故体现了黑色幽默。——译者注

② 初为净琉璃剧本，后来移植为歌舞伎剧目，是日本歌舞伎中最优秀的剧目之一。——译者注

藏》②时的特色，特别关注其中的人名，分析其在拟人故事中的历史意义。

一　文政十二年的大火和文艺

天灾还是人祸？

文政十二年（1829年）三月二十一日，神田佐久间町河岸起火，火势迅速蔓延。[2]"此火灾难判何人之错，实则天灾也"（《曲亭杂记》），曲亭马琴将其看作天灾，但一般人则认为此乃人祸。吉原健一郎在《江户灾害年表》中根据各方记录将此事简述如下：

> 三月二一日　巳时已过，神田佐久间町二丁目河岸木材店尾张屋德右卫门之屋起火，西北风烈，烧至日本桥、京桥、芝一带。宽20町，长1里。翌日清晨火灾扑灭，武家屋敷、町家共37万间遭灾，船舶、桥梁亦多被烧毁，两座戏园付之一炬，2800余人丧命，德右卫门被流放，此乃明和以来之大火灾也。（佐久间町火灾　巳丑火灾）[史料名省略][3]

尾张屋德右卫门的木材店被认为是本次火灾的起点，不过最初隔壁的伏见屋也存疑，但没有确凿证据。其间，不仅德右卫门受到严加审讯，伏见屋似乎也被调查，然详

研究笔记　火灾、戏文、人名——以《假名手本忠臣藏》的戏仿文为中心

情不得而知，故马琴等人认为实乃天灾。

火灾和文艺

然而，根据今田洋三的研究，"文政十二年三月江户发生火灾时，大量关于灾害的信息流于世间，此乃前所未有之事"，"有关大火的讽刺评论作品也以单色印刷品的形式大量问世"。[4] 的确，同以往的火灾相比，这次出现了许多笑话和川柳，仅《落书类聚》上中下三卷就有如下内容：狂歌、角力取组、葛西金町、膏药卖、烧炭 Ken、火传大变丸、看看奴、果子引札、桥落（口述桥尽）、代悲类烧翁（汉诗文）、手纸之文、燃易高尾（俗谣）、火事 Yowari（鲣卖长呗）、汲火（净琉璃节）、卖药报条（功效书）、返挂新文句见舞相主驾、高尾（俗谣）、三夕（狂歌）、俄火三月歌、相烧狮子（俗谣）、飞火之子娘道成寺、狂歌、大烧八景（狂歌）、火事之段大 Mago 月、歌仙（狂歌）、烧场柳樽（川柳）、汲七变化之内火、大黑舞、阿津物商卖（书状）、落首（狂歌）、长歌、畑中发炎歌、祝融行（汉文诗歌）、新板烧原、开火（开龛通知）、迷语、落语、手纸之文、诸国名产织物类大安卖，等等。[3]

目前，我们掌握的只不过是冰山一角。如果细细查找，定能发现许多不为人知的资料。下面我们将要讨论的《火难出本烧进藏》便是其中之一。首先，让我们了解下故事的梗概。

③　皆为各类较为奇特的文体。——译者注

二 关于《火难出本烧进藏》

梗概

文政十二年（1829年）三月下旬，火事方烧群高贷大肆宣扬灭多火事沙汰（头盔之名，模仿新田义真），于江户设御所，令万民叹息。御屋台贷方诸用意之金足吉来到镰仓河岸，同该地的当铺高利无沙汰之金、股引有马守糸太、屋数介安定上、烧白上酒皆混乱樽酒（炎火）审理此事。

足吉提议将置于救济小屋（为遭受火灾之人提供的救济设施）的灭多火事沙汰收入城内仓库。但高利无沙汰之金坚决反对。股引认为此乃高贷公之计谋，不攻自缴之法也。高利却怒斥道，从掉落在死人身旁的火事兜（消防头盔）中难以找到正品。结果，炎火之妻燃御前（火亡）将灭多火事沙汰埋在了炎火寺内。翌日足吉让火亡鉴定遗物消防头盔是否为真品。救济小屋中尚有流离之贫民，足吉、炎火、股引决定留于此处。

足吉哄逗与父母分离的幼童时，一旁的大孩子和成年人关于照顾幼童之事发生了口角。消防员和青年头目也参与了进来。这时火灾被消灭，足吉等人懊悔不已。

以上，有些地方不知所云，但大致就讲述了这么一个故事。

研究笔记 火灾、戏文、人名——以《假名手本忠臣藏》的戏仿文为中心

火灾起于神田佐久间河岸一事，在当时来说尽人皆知。问题是起火点到底是木材商尾张屋还是伏见屋。正因为此，火亡的台词中有这么一句"附上尾张屋之门名，办事之人"（下节"与《假名手本忠臣藏》正文的比较"第5段波浪线处释文）。虽然同为神田（神田一，二丁目），但将镰仓河岸（内神田一，二丁目）作为舞台却令人费解。这大概是根据《假名手本忠臣藏》"将军舍弟左兵卫督足利直义代为参拜，驾临镰仓"（第3段波浪线）一节，将其中的"镰仓"直接改成"镰仓河岸"了吧。镰仓河岸的丰岛屋（当时实际存在的酒馆）火势向四周蔓延，甚至烧到了佃人足岛（佃一丁目）、石岛（佃二丁目），即隅田川河口处。海上的船只和许多桥梁皆被大火烧毁，甚至连向西距此2公里的新桥也未能逃此劫难。

我们很难判断这是情节上的设定，还是佐久间火灾的实际情况。但大量船、桥被烧，中村座、市村座、森田座

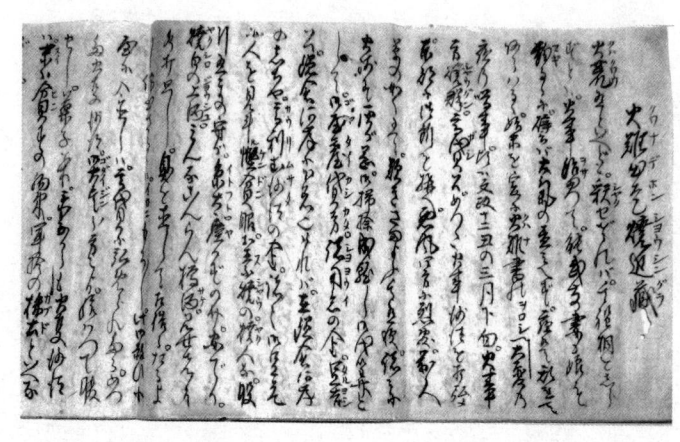

图1 《火难出本烧进藏》卷首部分，笔者藏

315

这三座戏园皆付之一炬,"筑地门迹"前,即筑地本愿寺门前设立救济小屋(第6段)一事均与事实相符。但当时是否有将镰仓河岸的丰岛屋作为起火点的传闻尚不得知。是将传闻编入了作品之中,还是仅仅模仿了《假名手本忠臣藏》的"驾临镰仓"之词句?这些将作为今后的课题继续探讨。

书志略记

书型	长帐缀[④](胶装)　一册　竖 14.0×横 38.9 cm
料纸	楮纸
表纸	无
内题	《火难出本烧进藏》
丁数[⑤]	2丁
行数	37—40行(不规则)
正文	汉字假名混交文,标点随处可见
内书	无
印记	无
收藏者	伊藤慎吾

④ 下边折叠,右边装订的方式。——译者注

⑤ 表里两页为1丁。——译者注

三　与《假名手本忠臣藏》正文的比较

《假名手本忠臣藏》的概述

接下来,让我们看一看《假名手本忠臣藏》对本文的

影响。

如题目所示，《火难出本烧进藏》戏仿自《假名手本忠臣藏》（以下简称《忠臣藏》）。《忠臣藏》为1748年（宽延元年）于大阪的竹本座首演的净琉璃，作者为竹田出云、三好松洛、并木千柳。该剧取材自1701年（元禄十四年）浅野内匠头砍伤吉良上野介后被命切腹，次年赤穗义士闯进吉良府邸为主公报仇之事。总共由11段组成。

《烧进藏》对开头的大序和随后的第一段"鹤冈飨应"逐句进行了模仿。文末注"此处所立之御火消、町火消，按四十七字伊吕波歌⑥的顺序分开，甲头巾亦用软布包好"，四十七组町消防与四十七义士相对。

⑥ 日本平安时代创作的一首佛教诗歌，歌词无重复地使用了全部47个古典日语假名，类似于英语的字母歌。——译者注

正文比较

在此附上全文。笔者并未根据原文，而是根据文意进行了换行处理。汉字悉数改为常用汉字。对照的《忠臣藏》则采用了以七行初版本为底本的《新潮日本古典集成 净琉璃集》（新潮社，1985）中的译文。旁注全部省略，除容易误读者标注假名外，余者亦全部省略。添加原文未有之假名时，均以括号（）注明。⑦

⑦ 中译本亦将假名省略。——中译本编按

0 题目
【烧进藏】
火难出本烧进藏
【忠臣藏】
假名手本忠臣藏

1. 大序

【烧进藏】

虽有火荒，弗释不知其相也。[a] 火灾已灭，武士之妻亦难辨其女。犹如空气，白昼虽不得见，伴夜色却若隐若现。写此原委于火灾书中，以作夜晚谈资。[b]

【忠臣藏】

虽有佳肴，弗食不知其旨也。[a] 天下大治，武士之忠勇尽藏。犹如星斗，白昼虽不得见，夜晚却缀满天。混用假名记下此文以供太平治世之用。[b]

2. 火事方烧群高贷大肆宣扬火事沙汰，扰乱江户民心

【烧进藏】

文政十二年三月下旬，火事方烧群高贷大肆宣扬灭多火事沙汰，设御所于东都，恶风臭四方，万民如芥，唯有叹息。

【忠臣藏】

历应元年二月下旬，将军足利尊氏灭新田义贞，设御所于京都，德风遍四方，威势不可挡，万民如草，随风披靡。

3. 御屋贷方足吉同高利无沙汰商量

【烧进藏】

四处流火灰如冈，打扫完毕后，御屋台贷方金足吉公代为盘点，来至河岸。镰仓河岸当铺掌柜，高利无沙汰之金多多，欺上瞒下，贪得无厌。股引有磨守糸太、不烧之介安近、烧白上酒、皆混乱樽酒为素烧之人，于店前撒水，共驱恶气。

研究笔记　火灾、戏文、人名——以《假名手本忠臣藏》的戏仿文为中心

【忠臣藏】

　　一手遮天之势中，鹤冈八幡宫落成，<u>将军舍弟左兵卫督足利直义代为参拜，驾临镰仓</u>。镰仓执事武藏守高师直，目中无人，傲慢无礼。桃井播磨守之弟若狭之助安近、伯州城主判官盐谷高定任接待之职。于练马场前设大营，武士侯列，仪容端庄。

　　4. 股引、高利等人关于火事沙汰之头盔进行争论

【烧进藏】

　　足吉道："<u>多多，此救济屋中乃高贷宣扬之灭多火事沙汰</u>[c]，各豪绅之士施舍之果子茶。此事虽应感谢，但火事沙汰必至贫困。虽为无需理会之株土（公粮），亦不可舍。应估其所得，纳于仓中。"

　　无沙汰之金闻此，直言道："此事实乃意料之外。虽说火灾之后皆至贫困。若减免株土，身旁之下大小名中，贫困者众多。故不应减免。

　　"非也、非也。小人以为此乃高贷公之谋略。只因疏忽被灭多打倒，定会顾忌损德，不催令其自动奉上也。大人所谓'无用'，怕稍显轻率……"

　　股引有磨守糸太、不烧之介安近尚未言罢，高利无沙汰之金多多仗直义公信任，口无遮拦，痛骂股引："放肆！胆敢说老夫"轻率"！时慌乱不堪。且尸旁散落头巾不计其数。皆难以辨明，若随意揣测，葬送有误，实乃奇耻大辱。尔等黄口小儿，纸上谈兵，不值一提。还不给我退下！现场的大施主不觉后悔，挖出之物令人毛骨悚然。

　　见此情景道，"大人所言极是，然股引所言乃为世之

长远，亦不可置之不理。快至菩提寺舍此缘分！""如此说来，快到我寺！"

顷刻，虫先后魂，呆僧对此已麻木，炎火之妻燃御前已死多时被埋入土中。

【忠臣藏】

足利直义道："高师直，此箱所盛头盔乃后醍醐天皇赐于吾兄尊氏手刃之新田义真。义真虽为吾敌，确乃清和源氏之血脉。虽为无用之盔，亦不可放置不管，公主命尔等妥善处理，收于八幡宫宝库之中。"

武藏守闻此直言道："此事实乃意料之外。新田虽为清和血脉，若敬奉头盔，旗本之下大小名中，清和源氏者众多。故奉纳之事，万难从命。"

"非也、非也。小人以为此乃尊氏公之谋略。经此一举，新田余党定会感于我主仁德，不战自降也。大人所谓'无用'，怕稍显轻率……"

桃井若狭之助话还未完，高师直仗直义公信任，口无遮拦，痛骂桃井："放肆！胆敢说老夫"轻率"！贞义死前披头散发，未着头盔。且尸旁散落头盔四十七顶。皆难以辨明，若随意揣测，奉纳有误，岂不遭人耻笑。尔等黄口小儿，不知真相竟妄加非议。还不给我退下！"

若狭之助遭此恶语，眼里冒火，盐谷见此情景道，"大人所言极是，然桃井之言乃治世之法，亦不可舍。故还需直义公明断！"

"如此说来，吾正有一计，召盐谷之妻上殿。"

顷刻，裸足过马场白砂，裙摆似玉帛拖地，素淡妆容胜白玉。盐谷之妻美女颜世,于下方叩见。

5. 炎火之妻火亡辨认头盔

【烧进藏】

众人聚于小屋,皆道。"炎火之妻,火亡夫人,昨晚辛劳,劳驾,劳驾!审议之火,快快前来!"

足吉道:"召汝前来,并无它事。神田起火之乱际,死时身被火烧、得受头盔,大火之时确戴此盔,然无人能辨。吾闻炎火之妻有一发小,乃送完评议之守夜人。汝定知晓。汝若能辨,如本阿弥般,告知是否为真"虽于神田,语调并不温和。

火亡面露难色道:"此次夺我性命之火灾,若如评议,绝不会如此。附尾张屋之门名,办事之人正是我家主人,人活一世,名流百世。有朝一日,想起此事,内外之人,若小心火烛,怎会火光四起。若魂魄能飞散,我定携妻带子逃离。"

人闻此言时不免叹息。

【忠臣藏】

师直好女色,以笑脸相迎。"盐谷之妻,颜世夫人,盼汝许久,劳驾,劳驾!快快前来!"

直义道:"召汝前来,并无它事。元弘之乱时,后醍醐帝曾招义贞入宫赐予头盔,阵亡前确戴此盔,然无人能辨。吾闻盐谷之妻曾于十二内侍担任兵库司女官。汝定知晓。汝若能辨,实乃头盔之本阿弥,慧眼之人也!"虽为命令,对女子却也温和。颜世亦轻声领命:"大人言重了,但此头盔确为奴家日日接触之天皇所戴之物。义真领受头盔时,配以名香'兰奢待'。盛送之人恰为奴家。"当时,义真道:"人活一世,名流百世。有朝一日,若阵亡时戴此熏以兰奢待之头盔,鬓发留香,提及首级留香之人,亦会想道我义真吧。"此言绝无异议。师直不怀好意,闻此言时面露不满。

6. 火亡见救济小屋中有众多平民

【烧进藏】

"炎火,汝之才能过人。火灾后困苦之人无数,故令其暂居此屋。请调查!"领命后"谢过,那我就冒犯了",于是屈身一一观察,镰仓河岸自丰岛屋烧向八方之大火,佃人足、石川岛甚至连海中之船,也化作灰烬。所剩之物唯新桥一座,余者皆因大火倒塌。三座剧场皆毁,葬身火海之物众,筑地门迹尤甚,尚未述说,一阵风过,便化为平地。[d]

【忠臣藏】

直义细细听闻,"颜世,汝之回答甚详。吾亦觉如此,故将四十七顶头盔皆入此箱。请辨它出来!"

侍人领命后屈身开锁,取出头盔。颜世不慌不忙行至近前,只见犹似镰仓山星月夜之星兜、突盔头、狮子头等,背旗因各家流派而不同。有直平兜,亦有筋兜。无钵头盔则便于拉弓射箭。各主所好不同,头盔亦不同,众盔之中有一顶五枚兜龙头,未曾开口说话,名香之气便散了出来,颜世熟悉至极。颜世呈曰:"此乃义贞之盔。"[d]

研究笔记　火灾、戏文、人名——以《假名手本忠臣藏》的戏仿文为中心

7. 足吉同炎火、股引留于小屋，同火亡分别

【烧进藏】

此事完结。"炎火、股引二人令其暂居小屋，你二人随我来。"于是起身离座，命火亡稍作休息，过哨所时炎火、股引二人也随之入内。

【忠臣藏】

此事完结。直义命盐谷、桃井二人将其收入宝库。起身离座，命颜世稍作休息，过段葛时盐谷、桃井二人紧随其后。

8. 足吉在救济小屋中哄小孩

【烧进藏】

留下一幼童不知何人，父母不在左右，"爹娘，爹娘在何处？"边哭边走。一人跑过来，抱住幼童，"乖，你爹娘马上归来，勿怕"，小小幼童，却面露烦恼。

众人连哄带骗，用尽方法，"走不动了吗？吃点东西不？不愿意走就在这等着吧"，人们的安慰之下，有些幼童不再哭闹。其中，一位长者大声呵斥幼童，旁边大人见此言道："虽非吾子，亦不能不管。若袖手旁观，便休要抱怨！"双方争吵不休。幼童见此状，含泪立在一旁。

【忠臣藏】

颜世无话，于是起身告辞："此事已了，师直大人多有受累，请安心休息！奴家无事，便不再叨扰"，正在这时，高师直迈步前来牢牢扯住颜世衣袖。

"夫人留步！今日事毕，老夫正欲登门拜访，奉上一物。洽夫人被召至此处。直义公真乃成人之美。如夫人所

323

知,老夫倾心歌道,以吉田兼好为师,日日通信求其将此信交于夫人,此乃询问之信。

高师直袖中取出幽笺,塞入颜世衣袖。上写与其极不相符之"＊＊样参　武藏镫(恋文)"字样,颜世见此花容失色。

(颜世想)若严加拒绝恐伤夫君颜面,若带回示与夫君,亦不可,盐谷定会心生仇恨,恐出乱事,颜世不发一言,将信退回。师直恐人看见,便拿起信道:"夫人将信退与老夫,但玉手已触,虽为吾信亦不忍舍。老夫定会锲而不舍,直到夫人应允。取天下,灭天下,全由老夫,盐谷活,盐谷死,则全在夫人。如何?莫非如此?"

颜世无言,唯泪眼婆娑。

9. 争吵途中　火灾熄灭

【烧进藏】

恰逢此时,火灾之中"哪里是吵架的时候,快别吵了"。"休要多嘴!想不吵,我自会不吵。此事完了,外面也完不了,就算是大名,大傻瓜。"自觉被扰,便恶语伤人。年轻人怒气填胸,用手巾捂住脑袋,怒目而视,紧握双拳,若非在此场所,若非犯法,一忍再忍,倘再出言不逊,定送你上黄泉。忽然人喊"灭火啦",只得作罢,改日再报此仇。

此处,有缘,今日难离父亲前后不知未见之子将成敌人,白天孩子悠然漫步,很有情调。

此处所立之御火消、町火消,按四十七字伊吕波歌的顺序分开，甲头巾亦用软布包好。

【忠臣藏】

恰若狭之助归来，一看便知乃师直之惯行，于是见机催促道："颜世夫人，还未退殿么？夫人若在此闲来无事反倒不敬，不如早些回罢。"

（高师直）

此人莫非知道吾意欲何为？高师直见其坏了好事，愈加蛮横破口大骂道："休要多嘴！若可回老夫自会让夫人回！此乃盐谷之妻，颜世夫人私下拜托于我，担此重任。若非如此岂能这般顺利。大名尚且如此，尔等可有可无之蝼蚁鼠辈，不知何人赏饭乎？汝尚自觉忠义之人，老夫一言，便令汝成乞丐。"

若狭之助怒气填胸，几欲将刀口握碎，于神明和大人前，一忍再忍，再出恶语，定叫老匹夫命归西天，正当此时，有人喝道："直义公归座"，只得作罢，改日再报此仇。

直义公悠然踱步，气势如虹，盐谷压后阵，尚不知高师直日后将成宿敌。义真之龙头盔奉纳于神社宝库，余者按四十七字伊吕波假名分别保管，铁头盔亦用软头巾包好收藏，国之愿乃永保盛世太平。

10. 后记

【烧进藏】

新桥

作者　火间出小广留

大夫　大杂书

和可罗奴大夫

千梦步二

嘉二大夫

三味线　美留气野内太

其他役者略之

四　戏仿的方法

火灾发生时，人们创作了多种匿名讽刺文。戏仿的狂歌、狂诗、谣曲以及俗谣、小笑话等自不必说，近世后期还出现了长呗、小呗、伊吕波歌、手鞠歌、万岁、大黑舞、迷、绕口令、引札、书状、贺年卡、小袖注文、瓦版、药物功效说明等作品，在匿名的前提下，创作极其自由，形式包罗万象。

戏剧和戏仿文

表演艺术的作品中，谣曲和大黑舞自近世前期便备受喜爱，市面上也存有大量作品。从形式上看，多为能和歌舞伎等节目，或物卖、惊险杂技、活动人偶的开场白。

近世前期谣曲的戏仿文常用来讽刺政治和世态。虽幕末时期因严格禁止不太为人所知，但其创作却从未停歇。

研究笔记　火灾、戏文、人名——以《假名手本忠臣藏》的戏仿文为中心

还有像《道成寺》一样，已经超出了对谣曲词章的戏仿，加入了各种创意的作品。大概是因为诞生了《京鹿子娘道成寺》这一人气作品吧，匿名讽刺文中道成寺故事已然成了一种范式。

宝历十年（1760年）二月六日，神田旅笼町明石屋起火（明石屋火宅）时，诞生了《太平记菊水之卷》的开场戏文《江户目贯　太平记渴水卷》（《落书类聚》7）。明和九年（1772年）二月二十九日目黑行人坂发生火灾时创作的《关东大变记》（《落书类聚》8）就改编自上述《渴水卷》。另外，目黑行人坂火灾后还出现了《烧原泪平安春》《陆川变死问答》等净琉璃形式的讽刺文，之后创作重心慢慢从谣曲转向了歌舞伎、净琉璃等戏仿文。

到了文化、文政时期，《五大力恋缄》的戏仿文以歌舞伎、净琉璃的形式大放异彩。

文化三年（1806年）三月四日，描绘自芝车町起火的牛町火灾的作品便取材自《忠臣藏》，将第九场的台词用谜一般的大和语言呈现了出来。《落书类聚》11中收录了两类作品，一类是以"既不风雅，也不幽默"开头的31个项目，一类是以"寻访此地之人"开头的30个项目，此外还有许多异本。第二年的1807年（文化四年），俄国人进攻择捉岛时也有人根据第九场台词创作了讽刺文（收录于该书的第12卷）。由以"寻访此地之人"开头的23项组成。由《春之红叶》一书可知，文政十二年佐久间町发生火灾时也有人编创了戏仿《忠臣藏》第九场台词的作品。

逐字逐句的滑稽文

《火难出本烧进藏》戏仿自不常上演的大序和第一场。或许正因如此,不同于戏仿"第九场"仅用其中主要台词的做法,《烧进藏》更加忠于原文的词句。如对照文本中下划线 a 的旁白、下划线 b 带有符号的旁白、下划线 c 的对话均属典型,就算改写也非常接近原文。简单来说,即逐字逐句对原文进行了戏仿。

该手法是本部作品的一大特点,但算不上原创。拿短文类作品来说,和歌形式的匿名打油诗,即狂歌和谣曲的戏仿文也采用了相同手法。从故事类作品来看,同近世初期根据《伊势物语》创作的《似势物语》之戏仿手法可谓一脉相承。

不过后半部分,又出现了明显脱离《忠臣藏》的地方。如为便于理解而拆分的第 6 节,即火亡在将军舍弟足吉的要求下,见到救济小屋中还有许多贫民的场面。火亡在此看到的并非穷人,而是江户市内受灾的情形。这和《忠臣藏》颜世在足利直义的要求下看到放着的 47 个头盔的场面是对应的。

【烧进藏】

镰仓河岸自丰岛屋烧向八方之大火,佃人足、石川岛,甚至连海中之船也化作灰烬。所剩之物唯新桥一座,余者皆因大火倒塌。三座剧场皆毁,葬身火海之物众,筑地门迹尤甚,尚未述说,一阵风过,便化为平地。

研究笔记　火灾、戏文、人名——以《假名手本忠臣藏》的戏仿文为中心

【忠臣藏】

只见犹似镰仓山星月夜之星兜、突盔头、狮子头等，背旗因各家流派而不同。有直平兜，亦有筋兜。无钚头盔则便于拉弓射箭。各主所好不同，头盔亦不同，众盔之中有一顶五枚兜龙头，未曾开口说话，名香之气便散了出来，颜世熟悉至极。颜世呈曰："此乃义贞之盔。"

像这样，难以找到对应文本的亦不在少数。第8节足吉在救济小屋中安慰走失儿童的场面以及第9节在小屋吵架的场面，其台词就较为自由。在大框架下，容易改动的台词渐渐失去了限制。换句话说，就是跑题了。

五　拟人名和戏仿

《烧进藏》的情况

我们探讨了旁白和对话中所做的改编，除此之外，人名也被改编成了滑稽之物。同《忠臣藏》的人物名称对应如下：

《烧进藏》	《忠臣藏》
火事方烧群高贷公	足利将军尊氏公
灭多火事沙汰	新田义真
贷方诸用意之金足吉公	足利左兵卫督直义公

高利无沙汰之金多多	高武藏守师直
股引有磨守糸太	桃井播磨守
屋数介安定	若狭之助安近
皆混乱樽酒/炎火	盐谷判官高定
燃御前/火亡	御前

上述登场人物都拥有特定的名称。无论哪个名称都有戏仿的成分，作品中炎火和火亡之名变幻不定。炎火是对盐谷判官的戏仿，第一次出现时用了"混乱樽酒（←盐谷判官高定）"之名。但第4段的末尾处却写为"炎火之妻燃御前"。这里为了与《忠臣藏》"盐谷之妻御前"对应，但和"混乱樽酒"这一名称产生了矛盾。另外"燃御前"在第5节的开头为"炎火之妻，火亡夫人"，这一名称源自《忠臣藏》的"盐谷之妻，颜世夫人"。应该是"かほよ"（kahoyo，颜世）变成"かほう"（kahou，果报）后，又讹成了"かぼう"（kabou 火亡）吧。不过，为什么前面才作"燃御前"，随后就变成了"火亡"呢，我们难解其意。另外，文中还有将"炎火"（enguwa）写成"いんぐわ"（inguwa）、"因果"的地方，这大概是混用"i"音和"e"音的结果。与"末"（すえ，sue）读作"末"（すい，sui），"さえ"（sae）读作"さい"（sai）应为同类讹化现象。

诸作品例

戏仿与火灾相关的人名一事，较早见于1760年（宝历

研究笔记　火灾、戏文、人名——以《假名手本忠臣藏》的戏仿文为中心

十年）的明石屋火灾。根据《太平记渴水卷》改编的《大变记渴水卷》，其宣传页的演员名录中就有"何物高卖（←足利尊氏）""逃跑义贞（←新田义真）""楠木半分正烧（←楠木判官正成）""大藏烧七盛长（←大森彦七盛长）""丸烧昼夜（←丸桥忠弥）"等名字。明和二年二月二十九日目黑行人坂发生火灾时创作的《关东大变记》深受明石屋火灾《渴水卷》的影响，是一份大部头的广告文。除《关东大变记》外，其续篇《大变记二月曾我》亦随后问世。

滑稽文中既有以火灾为题的作品，也有在人名上做文章的作品。甚至有些作者关心的就是命名本身。正因于此，歌舞伎、净琉璃的戏仿文中常有给演员改名的做法。此外，如《大变记二月曾我》，还给净琉璃太夫[⑧]也取了诨名（加名轮津逃太夫、同泣太夫、同叫太夫）。本作品中也给狂言作者取名为"火间出小广留"，给净琉璃太夫取名为"和可罗奴大夫""嘉二大夫"，给三味线演奏者取名为"美留气野内太"。单看"火间出小广留"一名，先不管它含义如何，至少"火间出"这一姓氏便可让人联想到火灾，不过其他名称似乎又和火灾没什么关系。

此外，以目黑行人坂火灾为例，《捨札》中有目黑行人坂类烧寺门前火出子夜寺卫门、本乡丸山火贺样御屋敷后火子屋丁兵卫，《无题》中有烧野原右卫门、桥桥落太等，《使者口上》中有烧田弹正烧失等，《烧田口上》中有烧田火元等，《花园》中有小冢原先右卫门等，《角力取组》中有木藏烧之助、桥桥落右卫门等名称。这些名称毫

⑧　净琉璃由太夫的说唱和三味线的演奏组成。——译者注

331

无关联，也互不影响。作者们的创作乐趣，大概就在于可以随心所欲地起名吧。

绰号和艺名

不仅是火灾，其他灾难和意外发生时，也出现了采用戏仿形式创作的人名。笔者将其暂称为"戏人名"，"鱼鸟元年""锵锵元年寅年"等年号被称为"戏年号"，与之相对以戏谑的方式创造的人名即为"戏人名"。这相当于生活中常见的绰号和四股名[9]。

近世初期以后，倾奇者、六方者等花花公子和盗贼的诨名零星可见。如早期可见大风岚之介、风吹散右卫门、天狗魔右卫门[5]、难波浦波、苇间蟹若、云路雷八[6]，后期亦可见二日醉善卫门、烟火之介、梦之虫藏[7] 等人名。另外，从绘岛潟滩右卫门、雷电震右卫门、音羽山峰右卫门、春日山鹿右卫门、镜岩浜之助、绳张纲右卫门、稻妻雷五郎、荒熊谷五郎、释迦岳云右卫门、不知火光右卫门、二荒山泷右卫门等例子中亦可看出四股名也采用了相同创意。

如上所示，在现实世界中，取名的创意大都源于自然和人间万物。但在物语世界中，这些就不是绰号而是真名了。其世界观或被设定为先前的故事世界及对事件的戏仿，或被设定为非现实的世界。

根据足利将军尊氏取名火事方烧群高贷公，根据新田真义取名灭多火事沙汰就是戏仿。与此相对，烧野原右卫

[9] 相扑运动员退役之前的艺名。——译者注

研究笔记 火灾、戏文、人名——以《假名手本忠臣藏》的戏仿文为中心

门和桥桥落太等名字中没有原素材，仅采用与火灾相关的词汇创作了人名，因此属于另一种文字游戏。不过两者在使用上并未刻意区分。从结果上来看只要幽默即可。

拟人故事的派生

戏仿人名的作品出现前，拟人故事中的角色名称就采用过拟人名的形式。《精进鱼类物语》是15世纪创作的精进物和鱼介类交战的故事。[⑩]文中精进一方就有牛房左卫门长吉、梅法师、栗伊贺守，鱼介一方就有鲷赤助、鲛荒太郎、饭尾鮨介、矶和布鲈三郎（←铃木三郎）等名称。《鼠草子》（三得利美术馆藏古绘卷）中，虽正文并未出现拟人名，但插图中却有土掘孙助、穴掘左近丞、桁走猿千世等根据老鼠的习性所起的名字。

这种戏人名，到了近世被拟人故事的假名草子所继承，《四生之歌合》中鸟兽虫鱼的名字即为典型代表。御伽草子、假名草子中的取名方式还被应用到了浮世草子系的拟人故事（《虫合战物语》及锦文流《草木军谈贱爪木》），甚至是语节、戏讲释等表演之中。这些作品的世界虽由异于人类的鸟兽鱼虫草木等构成，却被描绘成了与人世相同的社会，因此也被归为拟人故事。

不过，近世前期还出现了一种看上去像拟人故事，但实际上却是效仿拟人故事来描写真实人类社会的作品。1667年（宽文七年）出版的《水鸟记》（地黄坊樽次）就是此类作品。"酒"字分开即为"水鸟"[⑪]，因此该作品其

⑩ 日本有精进料理一说，相当于我们说的"斋饭"，人名前面的牛房（牛蒡）、梅、栗都属于精进料理，而鱼介一方的名字都是海鲜类料理。——译者注

⑪ 在十二生肖中鸡为酉，在日语的发音酉与鸟亦相同。故将酒字拆开，为水和鸟二字。——译者注

333

实是一群酒鬼比酒量的故事。其中，斋藤传左卫门忠吞、甚铁坊常赤、毛藏坊钵吞、小仓又兵卫忠醉、来见坊樽持等登场人物的名字都和酒密切相关。这种名称不仅用于人，还用于神。《长者教》中福神和穷神各有十个孩子，就被命名为蓄太郎种持、朝起二郎胸清、算用三郎金增，以及不行仪二郎太郎、物好三郎二郎、人集四郎三郎等。无论是《水鸟记》还是《长者教》，都并非将"酒"拟人化，或将"储蓄""朝起"等神格化，而是使用与之相关的用语，戏谑性地创作出了这些人名。

那么，是否可以从文学史的角度理解为，中世拟人故事中的起名创意以拟人名的方式延续到了以人类社会为舞台的作品世界呢？如锦文流在净琉璃《倾城八花形》中使用了文车两轮之介道草、尘冢无量之介土块、正木葛之丞末长等现实中没有的人名，或许我们也应从命名的角度进行解读吧。其后文流又创作了名为《草木军谈贱爪木》的拟人故事（1708年刊行），不仅是人名，连世界观也被设定成了草木世界，让人们感受到了作者对区别于现实之异想天开的醉心程度。

戏人名的流程

自《水鸟》后，将拟人故事中的想象力放归至人类社会的做法，极少出现在物语文学之中，但近世后期，特别是好色合战物中却又零星可见。《大寄嘶尻马》中《好色开原合战》《艺妓戏女花山合战》《同后日大合战》等单

研究笔记 火灾、戏文、人名——以《假名手本忠臣藏》的戏仿文为中心

篇,以及单行本的《色里太平记》等均属此类。《好色开原合战》中出场人物,情有马之助好成、吸付蛸之身、淫乱平巾着缁衣右卫门(妓女)、上开土器左卫门(妓女)⑫等皆为人类,妓女并未使用艺名,而取了类似武将的名字。《花山合战》是箱根枕之助爪长河与御山城的前带杰之助寝间善,以三味线山为根据地进行两军对决的故事,登场人物有振袖新造、若爪新八、内仪盛善等。将艺妓同妓女的对立放在异类对决的框架之内,其实这一创意与《水鸟记》并无二致。《色里太平记》是花街柳巷的女武士扇屋花近江率领新造⑬、秃⑭同冈场所一方进行打斗的故事。作品中出现了内藤新宿太夫八房、板桥渡之助饭盛、千住五郎时宗等许多与地名有关的名字。

再看林美一介绍的《通野暮军记》(8),如题所示,"通"⑮和"野暮"⑯的对立被创作成了军记物语,但从世界观、物语的类型、创意上来看,也可与好色合战物归为一类。"通"的首领为粹真羽织介里,部下有酒上阿武丸、三味驹丞音占、一人义太夫素语等人。"野暮"的首领为石部金左卫门岩成,部下有四角四面兵卫片意地、钱金捆之丞不遣、空田武藏之介赤切等人。

火灾等灾祸以及意外事件,同好色物一样具有直接且强烈的话题性。因此在各类媒体的推波助澜下出现了大量以酒色、灾难、事故为题材的文艺作品。换句话说,一旦有流言蜚语、色情等轰动事件发生,就会涌现出许许多多激起了创作热情的非专业人士。他们没有发布的媒体,就只能通过匿名的讽刺文来表达自己的心声。若同出版方搭

⑫ 巾着、上开、土器都是江户时代的隐语,对女性生殖器外观的描述。——译者注

⑬ 妓院的新人。——译者注

⑭ 妓女的侍女。——译者注

⑮ 花街柳巷中的老手。——译者注

⑯ 不解风情的俗人。——译者注

上关系就有可能成为瓦版或《大寄嘱尻马》等瓦版物的底稿。若是演艺人员，便可成为滑稽评书、俗谣等曲艺和街头艺术。

与拟人故事似是而非之物

本文探讨的《火难出本烧进藏》实为个人的创作行为，并未通过出版物或表演艺术被大众所知。但不难想象，一定还有许许多多受火灾触动进行创作实践的百姓。这时忠臣藏的"世界"就成了一大依据。

作者将《假名手本忠臣藏》的历史世界置换到了当时的1829年（文政十二年），却没有沿袭单纯的人的世界观。主要角色的命名均来自同火灾相关的语句，比起现实性更强调了滑稽性。但该作品并非将有关火灾的事物拟人化，而是将《假名手本忠臣藏》中的登场人物用火灾的相关词汇戏仿了一番，因此算不上《世代平记杂具嘱》《饼酒大合战》那样的拟人故事。但也并非黄表纸、洒落本这类在故事结构上下功夫的作品。总之，该作品是以现实世界为前提，根据忠臣藏的"世界"创作的，主要角色均非人类的浅度奇幻作品。

结语

本章选取以火灾为题的《火难出本烧进藏》，探讨了其戏仿《假名手本忠臣藏》的特色，特别聚焦于人名，思

研究笔记　火灾、戏文、人名——以《假名手本忠臣藏》的戏仿文为中心

考了该作品在拟人故事中的历史意义。

　　文政十二年的大火催生了许多匿名讽刺文，其中仅有部分出版发行。作者因火灾激起了创作欲望，逐字逐句对《假名手本忠臣藏》的正文进行了戏仿，以火势欲吞江户城为概念创作了该作品。人名诙谐有趣。一眼看上去好像是拟人故事，但其实又并非如此，只是延续了拟人故事风格的文字游戏。好色合战物以及收录于《大寄噺尻马》的底本中也有类似的作品，而本作品在百姓喜欢道听途说这点上，和上述作品在底层是相通的。

　　火灾可以激起文艺创作的欲望，但无处发布的市井小民多数只能停留于匿名讽刺文之上。这些作品大都无法流传于世，而本作品正是历尽千难万险才流传至今的一篇。

注

　　（1）林美一：《幕末大地震的印刷物热潮》，载《珍版我乐多草纸》，有光书房，1969。

　　（2）藤口透吾：《江户火消年代记》，创思社，1962。

　　（3）吉原健一郎：《江户灾害年表》，载西山松之助编《江户町人研究》第5卷，吉川弘文馆，1978。

　　（4）今田洋三：《江户的灾害情报》，载西山松之助编《江户町人研究》第5卷。

　　（5）可见于《当代记》和《骏河记》。请参照熊仓功夫《宽永文化研究》（吉川弘文馆，1988）第一章。

　　（6）可见于《京四条内里歌舞伎》。

　　（7）根据注（2）所引的《万天目录》。

　　（8）林美一：《瓦版的军记物〈花山大合战〉等》，载《珍版、稀版、瓦版》，有光书房，1966。

执笔者简介

小松和彦（Komatsu Kazuhiko）

序"天灾与疫病的大众文化试论"、第七章"鲶绘与江户的大众文化"作者。

1947年生。国际日本文化研究中心名誉教授。主攻文化人类学、民俗学。著有《神隐和日本人》《妖怪文化入门》《诅咒和日本人》《异界和日本人》《鬼和日本人》《圣地和日本人》（角川Sofia文库）、《妖怪学新考——透过妖怪看日本人的内心》（讲谈社学术文库）、编著《妖怪学的基础知识》（角川选书）等。2013年荣获紫绶褒章，2016年被授予文化功劳者称号。

香川雅信（Kagawa Masanobu）

第一章"戏对疫病——疱疮神祭与玩具"作者。

1969年生。兵库县立历史博物馆学艺科长。主攻民俗学。著有《江户的妖怪革命》（角川Sofia文库）、《立体妖怪图鉴》（KADOKAWA）、共著《妖怪学的基础知识》（角川选书）等。

福原敏男（Fukuhara Toshio）

第二章"疫病与怪异、妖怪——以幕末江户为中心"作者。

1957年生。武藏大学人文学部教授。主攻民俗学、祭礼史。著有《祭礼文化史的研究》（法政大学出版局）、《幕末江户下町绘日记——町绘师的日常和生计》（渡边出版）、《化装与突然的祭礼绘卷》（岩田书院）等。

高桥敏（Takahasi Satoshi）

第三章"幕末霍乱的恐怖与妄想"作者。

1940年生。日本国立历史民俗博物馆名誉教授。主攻近世教育社会史、罪犯研究。著有《日本民众教育史研究》（未来社），《国定忠治的时代》（筑摩文库）、《江户诉讼》《清水次郎长》《一茶的继承之争——北国街道柏原诉讼始末》（岩波新书）、《江湖的霍乱暴动》（角川 Sofia 文库）等。

高冈弘幸（Takaoka Hiroyuki）

第四章"送风神！——编织故事的另一个世界"作者。

1960年生。福冈大学人文学部教授。主攻民俗学。著有《幽灵　近世都市诞生的妖怪》（吉川弘文馆）、共同编著《民俗学读本——走向田野调查》（晃洋书房）。

横山泰子（Yokoyama Yasuko）

第五章"冈本绮堂和疫病——病史与作品"作者。

1965年生。法政大学理工学部教授。主攻日本文化史、比较文化。著有《江户东京怪谈文化的成立与变迁——以19世纪为中心》（风间书房）、《绮堂讲述、半七兜转的异界都市江户东京》（教育出版）、《江户歌舞伎的怪谈和怪物》（讲谈社选书Metier）、《妖怪戏法的时代》（青弓社）等。

香西丰子（Kozai Toyoko）

第六章"近代、骰子、疫病体验——从明治时期的卫生双六看日常和传染病"作者。

1973年出生，佛教大学社会学部教授。主攻医学史、医疗社会学。著有《流转的"人体"——遗体捐献、鲜血、器官移植的历史》（劲草书房）、《种痘"卫生"——近世日本预防接种的历史》（东京大学出版会）等。

齐藤纯（Saito Jun）

第八章"大蛇、海螺与天灾地孽"作者。

1958年生。天理大学文学部教授。主攻日本民俗学、博物馆学。共著《日本人的异界观——寻找异界想象力的根源》（SERIKA书房）《从物和图像探索妖怪、怪兽的诞生》（勉诚出版）等。

川村清志（Kawamura Kiyoshi）

第九章"变化的灾害纪念物——有关灾害记忆的动态"作者。

1968年生。日本国立历史民俗博物馆副教授。主攻民俗学、文化人类学。著《女基督教徒的生活史记——"阿琴"经历的日本近现代》（青弓社），共著《民俗学读本——走向田野调查》等。

伊藤慎吾（Ito Shingo）

研究笔记"火灾、戏文、人名——以《假名手本忠臣藏》的戏仿文为中心"作者。

1972年生。国学院大学栃木短期大学副教授。主攻日本古典文学。著有《中世物语资料和近世社会》《拟人化和异类合战的文艺史》（三弥井书店）、《南方熊楠和日本文学》(勉诚出版)等。

日文研大众文化研究项目

该项目为国际日本文化研究中心(日文研)从 2016 年至 2021 年全力推进的人类文化研究机构据点型基础研究项目(正式名称为"通过大众文化的历时性、国际性的研究打造全新日本形象")。该项目为从结构上综合把握日本文化的全体像,对大众文化进行了历时性、国际性的考察,以打造全新的日本形象和文化观。

著作权合同登记号　图字：01-2025-2676
图书在版编目(CIP)数据

鲶鱼之怒：日本大众文化中的天灾·疫病·怪异／(日)小松和彦编；马云雷译. -- 北京：北京大学出版社，2025.8. -- ISBN 978-7-301-35537-4

Ⅰ. G249.313

中国国家版本馆 CIP 数据核字第 20249AC889 号

Published by arrangement with International Research Center for Japanese Studies (Nichibunken), National Institute for the Humanities, Inter-University Research Institute Corporation
Simplified Chinese translation © (2025) by Peking University Press
ALL RIGHTS RESERVED

书　　　名	鲶鱼之怒：日本大众文化中的天灾·疫病·怪异 NIANYU ZHI NU：RIBEN DAZHONG WENHUA ZHONG DE TIANZAI·YIBING·GUAIYI
著作责任者	〔日〕小松和彦　编　马云雷　译
责任编辑	李澍
标准书号	ISBN 978-7-301-35537-4
出版发行	北京大学出版社
地　　　址	北京市海淀区成府路 205 号　100871
网　　　址	http://www.pup.cn　新浪微博：@北京大学出版社
电子邮箱	zpup@pup.cn
电　　　话	邮购部 010-62752015　发行部 010-62750672 编辑部 010-62750673
印　刷　者	河北博文科技印务有限公司
经　销　者	新华书店
	787 毫米×1092 毫米　32 开本　11 印张　238 千字 2025 年 8 月第 1 版　2025 年 8 月第 1 次印刷
定　　　价	69.00 元

未经许可，不得以任何方式复制或抄袭本书之部分或全部内容。
版权所有，侵权必究
举报电话：010-62752024　电子邮箱：fd@pup.cn
图书如有印装质量问题，请与出版部联系，电话：010-62756370